Игра наизусть

КЛАССИКА-XXI
МОСКВА 2009

УДК 786
ББК 85.315.3
М15

Lilias Mackinnon
Music by heart

Перевод с английского, вступительная статья и комментарии
Ф. Соколов

Маккиннон Л.
М15 Игра наизусть. — М.: Издательский дом «Классика-XXI», 2009. — 152 с. — (Серия «Секреты фортепианного мастерства»).

ISBN 978-5-89817-279-4

Практическое руководство английской пианистки и педагога Лилиас Маккиннон предназначено любому исполнителю — даже тому, кто уверен в своей памяти. «Игра наизусть» по Маккиннон начинается... с самого начала работы над произведением, а заканчивается аплодисментами слушателей.

На страницах своей книги автор представляет универсальную методику запоминания для исполнителей любого профиля; вместе с тем в книге есть специальные советы пианистам, певцам, органистам, а также педагогам, работающим с детьми.

УДК 786
ББК 85.315.3

ISBN 978-5-89817-279-4

ОТ ПЕРЕВОДЧИКА

В современном музыкальном исполнительстве, пожалуй, нет более сложной, более запутанной и вместе с тем более актуальной проблемы, чем проблема музыкальной памяти. Свыше ста лет назад возникла и стала постепенно утверждаться тенденция концертного исполнения без нот, и с тех пор эта проблема волнует, хотя и в различной степени, учащихся и маститых артистов, передовых мыслящих педагогов и крупных ученых.

Может ли хотя бы один артист похвалиться тем, что его память *всегда* работала безотказно? Есть ли у концертанта *полная* уверенность в том, что какое-либо произведение, уже десятки раз «обкатанное» им на эстраде, в следующий раз пройдет благополучно? Может ли даже самый опытный педагог утверждать, что владеет методом, гарантирующим уверенное воспроизведение? На все эти вопросы история исполнительства и музыкальной педагогики может дать лишь отрицательный ответ. И не потому ли музыкально-методическая и педагогическая литература прошлого заполнена различными рекомендациями, «обеспечивающими» исполнителям спокойную уверенность в своей памяти. Среди этих рекомендаций много наивного, порой даже смешного, но много и ценного, не утратившего своего практического значения по сей день*.

Писать о музыкальной памяти начали еще в середине прошлого века, когда концертное исполнение без нот не только не считалось обязательным, но напротив, рассматривалось как своеобразный «кунстштюк», как акт нескромности со стороны исполнителя и даже как «искушение самого Господа Бога». Естественно, что и память в те времена не считали необходимой составной частью комплекса музыкальной одаренности. Ее рассматривали как «низшую», «вспомогательную» способность, а заучивать наизусть рекомендовали только фактурно сложные эпизоды, либо места переворачивания страниц.

С течением времени концертное исполнение без нот все больше завоевывало себе право на существование. Музыканты-исполнители объясняли это обстоятельство тем, что игра наизусть якобы совершенно необходима для твор-

* В качестве курьеза можно привести советы немецкого фортепианного педагога и теоретика Германа Вальтца. Он рекомендовал заучивать музыкальный материал таким образом, чтобы ученик мог сыграть пьесу в ракообразном движении (от последнего такта к первому), либо через такт, или даже по системе: первый такт — последний такт, второй — предпоследний, третий — предпредпоследний и т. д. (Цит. по: *Прокофьев Г. П.* Формирование музыканта-исполнителя-пианиста. М.: АПН РСФСР, 1956. С. 461.)

ческой свободы. И они отчасти были правы, так как все более усложняющаяся фактура произведений эпохи романтизма уже не позволяла исполнителю раздваивать свое внимание между клавиатурой и нотным текстом.

Нелегко, однако, давалась исполнителям эта «творческая свобода». На смену одним неудобствам, связанным с раздваиванием внимания, пришли другие — необходимость устойчивого запоминания и текстуально точного воспроизведения, ограничивающая масштабы исполнительского репертуара; неуверенность в безотказности работы памяти, доходящая порой до мучительных переживаний как в предконцертный период, так и, в особенности, во время концерта. Одна форма скованности сменилась другой, не менее страшной. И хотя Роберт Шуман утверждал, что «аккорд, сыгранный как угодно свободно по нотам, и наполовину не звучит так свободно, как сыгранный на память»*, Клара Шуман как исполнительница, по-видимому, не разделяла этой точки зрения. По свидетельствам современников, она пролила немало слез из-за необходимости играть на публике без нот. Десятки талантливых артистов вынуждены были из-за мук эстрадобоязни отказаться от концертной деятельности, и лишь немногие, наперекор укрепляющейся моде, продолжали ставить на пульт ноты (Р. Пюньо, Т. Лешетицкий).

В последнем десятилетии XIX века публичное исполнение наизусть стало эстетической нормой и, возможно, поэтому интерес к проблемам музыкальной памяти заметно возрос. Однако было бы ошибочным объяснять это одним лишь изменением эстетических критериев исполнительства. В большей мере рост интереса определялся, по-видимому, успехами экспериментальной психологии и, в частности, экспериментально-психологическими исследованиями памяти. В 1885 году немецкий психолог Г. Эббингауз опубликовал свой капитальный труд, давший мощный толчок для дальнейшего изучения различных аспектов общей проблемы памяти**. Показательно, что если до этого времени высказывания о памяти музыканта-исполнителя были вкраплены в виде отдельных мыслей, советов и рекомендаций в общеметодические работы, то в последнем десятилетии прошлого века появились уже специальные статьи и даже книги, посвященные исследованию музыкальной памяти — как нормальной, так и патологически измененной. И, видимо, не случайно на состоявшемся в 1896 году Третьем интернациональном конгрессе психологов в Мюнхене проблемам музыкальной памяти было посвящено три специальных доклада***.

---

* *Шуман Р.* Избранные статьи о музыке. М.: Музгиз, 1956. С. 254.

** *Ebbinghaus H.* Über das Gedächtnis. Untersuchungen zur experimentellen Psychologie. Leipzig: Verlag Dencker Humbolt, 1885.

*** *Löwenfeld L.* Ueber musikalische Zwangsvorstellungen // Dritter Internationaler Congress für Psychologie in München 4–7 August, 1896. München, 1897. S. 304. *Courtier J.* Communication sur la mémoire musicale // Ibid. S. 238. *Ferrari G. C. e Bernardini C.* La mémoria musicale negli idioti // Ibid. S. 344.

В 1897 году на страницах немецкого музыкального журнала «Centralblatt für Instrumentalmusik, Solo- und Chorgesang» развернулась острая дискуссия на тему, которую в общих чертах можно было бы сформулировать примерно так: «Является ли обязательным и всеобщим требование игры наизусть в концертах?». Инициатором этой дискуссии явился немецкий музыковед, композитор и педагог Карл Шмидт, опубликовавший на страницах упомянутого журнала статью под названием «Спорная проблема, заново поставленная...»* Его основной вывод, подкрепленный достаточно солидной аргументацией, сводился к тому, что «исполнение наизусть крупных сочинений, в особенности тех, которые идут в сопровождении оркестра, *излишне*».

На статью К. Шмидта откликнулись многие крупные исполнители и композиторы того времени (в том числе Брух, Клиндворт, Рихард Штраус и др.), а также некоторые врачи и психологи. Подавляющее большинство ответов, опубликованных в последующих номерах журнала, подкрепляло основной вывод инициатора дискуссии. Таким образом, мы видим, что даже в то время, когда исполнительская практика уже окончательно и однозначно решила вопрос о концертном исполнении наизусть, многие крупные музыканты и теоретики продолжали все же считать его дискуссионным.

Подтверждением этого явилась новая дискуссия, поднятая ровно через десять лет (в 1907 году) на страницах журнала «Die Musik» немецким музыковедом и критиком, доктором Вильгельмом Альтманом. Не зная об инициативе своего предшественника, он снова поставил вопрос о том, должны ли артисты играть наизусть. В пылу полемического задора д-р Альтман высказал много нелестного в адрес артистов, которые «торгуют вразнос всю свою жизнь полудюжиной концертов». Усматривая в исполнении наизусть «препятствие к расширению репертуара», д-р Альтман учитывает в то же время сложившуюся в концертной исполнительской практике ситуацию. Он восстает не против моды, — он восстает против *принуждения*. «Разумеется, я не требую, — пишет д-р Альтман, — чтобы исполнение наизусть было полностью устранено. Я желал бы только, чтобы на артиста, играющего по нотам, не смотрели бы косо ни его коллеги, ни публика». В. Альтман не только критикует, — он предлагает и практическое решение проблемы. «Для достижения этого, — продолжает автор, — необходимо, чтобы наши ведущие артисты снизошли до игры по нотам. Артистической репутации таких художников, как д'Альбер, Бузони, Бурмайстер, Карреньо и др., не нанесло бы никакого ущерба, если бы они отважились исполнить по нотам какой-либо недавно опубликованный концерт. Тогда никого не удивило бы, если бы какая-нибудь до сих пор неизвестная пианистка этот же самый концерт сыграла бы также не наизусть». И хотя на это новое обращение откликнулись только двое (Мария фон Бюлов и Ферруччо Бузо-

* Centralblatt für Instrumentalmusik, Solo- und Chorgesang: XII Jahrgang. Berlin und Leipzig, 1897. S. 2.

ни) и притом откликнулись далеко не сочувственно, В. Альтман в своей заключительной статье, по-видимому, имел какие-то основания утверждать, что многие артисты назвали его почин «спасительной акцией». Свою заключительную статью д-р Альтман заканчивает страстным призывом: «Итак, долой *принуждение* к игре наизусть»*.

В то время, как музыканты и методисты скрещивали свои копья на страницах музыкальных журналов, психологи продолжали ставить эксперименты по исследованию различных функций музыкальной памяти, а неврологи изучали ее патологию. В первой четверти нашего века в психологической и медицинской литературе появился ряд интересных статей и исследований о воспроизведении и запоминании музыки, о памяти на абсолютную высоту звуков (абсолютный слух), о соотношении музыкальной памяти узнавания и воспроизведения, о музыкальных представлениях.

В краткой вступительной статье, разумеется, нет возможности не только охарактеризовать, но даже и перечислить все специальные исследования, опубликованные в научной литературе. Нет возможности также упомянуть и о всех работах по музыкальной памяти, вышедших из-под пера музыкантов-исполнителей и педагогов**.

Можно было бы думать, что такое обилие литературы позволяет считать проблему музыкальной памяти решенной как с практической, так и с теоретической стороны, и что в современной музыкальной педагогике и исполнительстве вопросы запоминания и воспроизведения музыкального материала уже никого не волнуют. На самом деле это далеко не так, и игра наизусть в наши дни является столь же острой проблемой, как и сто лет назад. Не случайно Г. Нейгауз отмечал участившиеся за последнее время случаи музыкальной амнезии***, а один из крупных советских методистов А. Щапов в своем оставшемся незавершенным труде «Вопросы фортепианной техники» высказал предположение о том, что «пианисты со временем частично вернутся к игре с раскрытыми нотами»****.

Вот почему каждая новая работа о музыкальной памяти вызывала и вызывает живейший интерес всей музыкальной общественности.

Предлагаемая ныне читателю книга Лилиас Маккиннон «Игра наизусть» также не прошла в свое время незамеченной. Впервые опубликованная в Англии

---

* См. «Die Musik». Maiheft, 1907. S. 150.

** В настоящее время библиография специальных работ по вопросам музыкальной памяти насчитывает свыше 70 названий. В основном — это статьи в немецкой, английской, французской и американской научной периодике. К сожалению, на русском языке можно указать только одну работу: *Шлезингер Ст.* О важном значении игры наизусть. СПб., 1902.

*** См. *Нейгауз Г.* Об искусстве фортепианной игры. М., 1958. С. 232.

**** Это уже и стала делать М. Юдина при исполнении современной зарубежной музыки, а в самое последнее время — Глен Гульд (сообщено Дж. Шпигельманом).

в 1938 году, она сразу же вызвала восторженные отзывы крупнейших музыкантов и психологов, за короткое время выдержала у себя на родине пять изданий, а в 1954 году была издана в США и Канаде*.

«Превосходная, уникальная работа, которая окажет неоценимую помощь каждому музыканту, желающему разрешить проблему осмысленного запоминания», — писали автору известные пианисты Розина и Иосиф Левины.

Альфред Корто особо подчеркнул практическую ценность работы Л. Маккиннон, сильно преувеличив, впрочем, заслуги автора в решении общей проблемы музыкальной памяти. «С редким пониманием, — писал А. Корто, — вы разрешили все аспекты этой огромной проблемы, и ваша работа окажет неоценимую помощь всем тем, кто пожелает запомнить музыкальное произведение с максимальной полнотой и совершенством».

Глубоко заинтересовался методом Л. Маккиннон известный немецкий пианист Вальтер Гизекинг. Он утверждал, что метод запоминания, предлагаемый автором, «во многих отношениях описывает его собственный метод работы».

Известная английская пианистка Майра Хесс горячо поздравила Л. Маккиннон с книгой, которая, по ее мнению, «должна стать постоянным спутником каждого учащегося, как начинающего, так и подвинутого».

Примерно в таком же духе высказались пианисты Гарольд Бауэр и Ольга Самарова, дирижеры Сергей Кусевицкий и Адриан Боулт, органист Стенли Роупер и многие другие видные музыканты. Не будем приводить их отзывов, так как читателю, по-видимому, уже достаточно ясен тот общественный резонанс, который был вызван появлением в свет этой новой работы, посвященной проблемам музыкальной памяти.

Кто же является автором книги, вызвавшей столь восторженную реакцию?

Имя Лилиас Маккиннон — ученицы известного английского фортепианного педагога, композитора и методиста Товия Маттея — мало что говорит советскому читателю, а между тем, в 30-х годах нашего века это имя пользовалось в Англии большой и заслуженной популярностью.

Талантливая, превосходно обученная пианистка, Л. Маккиннон по окончании лондонской Королевской Академии музыки много концертировала как у себя на родине, так и за ее пределами, выступала в качестве солистки с крупнейшими английскими симфоническими оркестрами (под управлением Генри Вуда) и Бостонским симфоническим оркестром (под управлением Сергея Кусевицкого), активно занималась педагогической деятельностью.

Достойная ученица своего выдающегося, всесторонне эрудированного учителя, Л. Маккиннон всегда глубоко интересовалась теоретическими проблемами музыкального исполнительства и педагогики. Сравнительно рано она начала вести лекционный курс, а в 1936 году опубликовала свою первую круп-

* Настоящий перевод дается по последнему американскому изданию 1954 года (*Mackinnon Lilias.* Music by heart. Baltimore: The Monumental publishing company, 1954).

ную методическую работу «Музыкальные секреты»*. Девять музыкальных «секретов», составляющих содержание работы Л. Маккиннон, — это девять актуальнейших проблем современной фортепианной педагогики, изложенных в популярной, доступной самому широкому кругу читателей форме**. Глубокое практическое знание дела в сочетании с доступностью изложения и интригующим названием сделало «Музыкальные секреты» чрезвычайно популярной книжкой, снискавшей автору заслуженный успех.

Первая работа Л. Маккиннон была посвящена различным проблемам фортепианного искусства, но в ней уже чувствуется растущий интерес автора к проблеме музыкальной памяти — центральной проблеме ее второй работы, предлагаемой ныне советскому читателю.

В отличие от многих авторов-музыкантов, писавших о музыкальной памяти, Л. Маккиннон не ограничивается узкоутилитарной трактовкой роли музыкальной памяти в музыкальном исполнительстве и педагогике. Она ставит проблему памяти очень широко, и на первый взгляд даже создается впечатление, что ряд вопросов, затронутых в этой книге, не имеет прямого отношения к музыкальной памяти как таковой. Но это первое впечатление стирается, когда начинаешь вдумываться в общепсихологическую концепцию автора, трактующего музыкальную память как совокупность всех элементов, составляющих музыкальный опыт, как необходимую предпосылку обучения, рассматриваемого в самом широком плане.

Возможно, наш читатель и не согласится со столь широкой и непривычной для него концепцией музыкальной памяти, как он, вероятно, не согласится и с отдельными экскурсами автора в область психологии (точнее — психоанализа).

Здесь не место, разумеется, подвергать детальному обсуждению сложнейшие и еще не до конца разрешенные современной наукой психологические проблемы. Да это и не нужно, так как сам автор меньше всего претендует на роль всезнающего специалиста-психолога и прекрасно понимает скромное значение своей работы именно в этом плане. «Главное место в моей жизни, — признается Л. Маккиннон в предисловии, — занимает музыка, а не психология». Не следует забывать также, что и сама книга написана свыше четверти века назад, когда психология была еще, по выражению автора, «предметом глубоким и таинственным».

Основная ценность предлагаемой книги в другом — в ее практической направленности, и именно с этих позиций ее надо рассматривать и оценивать***.

---

* *Mackinnon Lilias.* Musical Secrets. London, 1936.

** В число «секретов» входят такие, например, как секреты сосредоточенности, чтения с листа, фразировки, интерпретации, техники, аппликатуры, педализации и пр.

*** Вместе с тем нельзя не отметить целого ряда психологических положений автора, получивших в последнее время экспериментальное подтверждение и дальнейшее теоретическое развитие (важность первых впечатлений в процессах запоминания, проблема управляемости эмоций, проблема самовнушения и др.).

Мало того, что в этой книге аккумулирован богатейший исполнительский, педагогический и методический опыт автора — сам метод создания этой работы можно смело рассматривать как фиксированный и сложенный воедино опыт многих сотен учащихся различной степени одаренности и различного уровня продвинутости. Со свойственной автору скромностью Л. Маккиннон в конце своего предисловия раскрывает читателю этот метод: «Считаю себя в неоплатном долгу перед всеми корреспондентами-учениками во всем мире. Делясь со мной своими проблемами, они делились своим опытом, и таким образом мы работали вместе. Только благодаря их успехам и поощрению я наконец оказалась в состоянии представить в виде отдельной книги этот очерк о музыкальной памяти».

Нам остается сделать еще несколько предварительных замечаний, прежде чем передать книгу в руки читателей.

В работе Л. Маккиннон встречается большое количество нотных примеров. Их редакция, и в особенности, их авторская трактовка, возможно, вызовет некоторые недоумения. Не следует удивляться этому. Л. Маккиннон, будучи убежденным последователем школы Товия Маттея, естественно, восприняла его точку зрения на природу затактов, мотивно-тематическое строение музыкальных фраз, артикуляцию и т. д. Отсюда — ее частые упреки в адрес крупнейших композиторов прошлого по поводу неправильно расставленных тактовых черт; отсюда — и порой странная пунктирная лигатура, предлагаемая автором (хотя на с. 42 имеется специальное указание на то, что «ни одна из пунктирных линий в этой книге не должна приниматься безоговорочно»). Мы сознательно сохранили нотную редакцию подлинника с тем, чтобы читатель имел возможность познакомиться с несколько иной, необычной точкой зрения и объективно оценить ее.

В конце книги помещены комментарии, призванные разъяснить отдельные неясности, которые, возможно, возникнут по ходу чтения, а также раскрыть некоторые малоизвестные или уже забытые имена музыкантов прошлых дней.

Особо следует обратить внимание читателя на живой, красочный язык автора и свободный, отмеченный печатью легкого английского юмора литературный стиль, который переводчик в меру своих сил и возможностей пытался сохранить.

Все жалуются
на недостаток памяти,
но никто не жалуется
на недостаток благоразумия

ПРЕДИСЛОВИЕ

Друзьям, которых я никогда не видела, —
моим корреспондентам-ученикам.

Главное место в моей жизни занимает музыка, а не психология — предмет глубокий и таинственный, — и потому я прекрасно понимаю скромное значение этого труда. Но как ребенку случается иногда заметить то, что ускользнуло от внимания взрослых, так и мне, возможно, удалось уловить связь интересующего меня вопроса с психологией, которая до сих пор недооценивалась в музыкально-педагогической практике.

Каждый артист в своей деятельности многое для себя открывает и все же редко бывает хорошим педагогом. Ученики такого педагога-артиста, как правило, лишь слепо копируют отдельные приемы своего учителя, так и не постигая сущности наиболее полезных его идей.

В годы моего студенчества мне пришлось серьезно заняться памятью. Играя много лет только по нотам, я совершенно перестала доверять своей памяти — памяти детства, когда запоминаешь все как попугай. Вместо того, чтобы поддаться волнению и нервозности, столь широко распространенным в среде моих товарищей-студентов, я решила найти систему занятий, которая обеспечила бы спокойную уверенность в своей памяти.

Передо мной стояла трудная психологическая проблема, которую никак не удавалось разрешить. Наконец, в результате долгих раздумий и поисков я пришла к выводу, что в сущности передо мной стоит не одна, как я считала, а две в высшей степени сложных проблемы. Одна — это подготовка к исполнению, то есть собственно работа над произведением; другая — исполнение как таковое. Оставалось только удивляться, как мыслящие педагоги могли смешивать столь различные области.

Необходимость решать эти два вопроса независимо друг от друга сначала озадачила меня, но затем мне стало ясно, что они являются сферой двух родов деятельности — сознательной и подсознательной. Подсознательная деятельность, казалось мне, лежала в основе первой — подготовительной стадии работы, тогда как сознательную я старалась увязать с собственно исполнением.

Лишенная какой бы то ни было помощи — моих товарищей не интересовали психологические проблемы, а учителя были слишком заняты экзаменами, — я безуспешно пыталась, следуя своей системе, уложить работу над произведением в сферу деятельности подсознания. Но однажды на меня снизошло вдохновение и я вдруг поняла, что в основу системы должно быть положено как раз обратное соотношение: сознание ответственно за первую, подготовительную часть работы — выучивание произведения; подсознание — за исполнение.

Почему ни один педагог не сказал мне этого?!

По новой схеме все становилось на свои места. Я продолжала работать над своим открытием долгие годы, но даже и сейчас многие вопросы остаются еще нерешенными. Жизнь слишком коротка, чтобы можно было надеяться когда-либо существенно дополнить свой труд, и я предоставляю психологам будущего решить наиболее увлекательную из всех проблем — проблему воспитания музыканта-исполнителя.

Считаю себя в неоплатном долгу перед всеми корреспондентами-учениками во всем мире. Делясь со мной своими проблемами, они делились своим опытом и таким образом мы работали вместе. Только благодаря их успехам и поощрению я наконец оказалась в состоянии представить в виде отдельной книги этот очерк о музыкальной памяти.

Л. М.

Челси
Апрель, 1938

ГЛАВА I

КАК РАЗВИВАЛИСЬ ВЗГЛЯДЫ НА МУЗЫКАЛЬНУЮ ПАМЯТЬ

В 1808 году во время концерта в Легхорне[1] с Паганини произошел случай, который поставил бы в затруднительное положение большинство солистов того времени: как только великий скрипач начал играть, обе свечи упали с пюпитра.

В наше время концертное исполнение «без нот» повсеместно принимается за норму, и, однако, мы должны иметь в виду и постоянно напоминать себе, что игра по памяти вошла в моду только со времен Листа.

Правда, и раньше музыканты способны были на удивительные подвиги, — об этом говорит опыт Моцарта, записавшего по памяти *Miserere*[2] Аллегри с первого прослушивания; но чтобы любой концертант мог исполнить записанное произведение точно и уверенно без нот — это считалось когда-то невероятным. Более того, учителя прошлого не только не поощряли игру на память, но категорически запрещали ее, и если ученик позволял своим глазам отвлечься от нотного текста, — его обычно призывали к порядку строгим замечанием: «Смотри в ноты».

То, что игра на память обычно смешивалась с игрой по слуху, видно по отрывку из восхитительного трактата Джона Плейфорда «Введение в искусство музыки», впервые опубликованного в 1654 году. «Если учить наизусть по слуху, не пользуясь нотами, то нельзя запомнить больше того, что усваивается при прослушивании чужой игры. Выученное таким путем, однако, очень скоро забывается. Напротив, тот, кто учит и упражняется по нотам, руководствуясь Гамутом[3] (а это есть истинные правила музыки) — никогда не потерпит неудачи».

Даже искушенный музыкант, играя без нот, не мог считать себя в безопасности. Еще в 1861 году сэр Чарлз Халле, исполнявший по памяти сонаты Бетховена, был обвинен газетой «Таймс» в нескромности и даже в «искушении самого Господа Бога»[4].

Несмотря на то, что новая мода игры без нот не одобрялась некоторыми исполнителями старой школы (в том числе и Кларой Шуман, которая, как пишет Эми Фей, «плакала из-за необходимости делать это») и встретила резкий отпор критики, — ничто не могло помешать ей утвердиться. Словарь Грова свидетельствует о том, что Рубинштейн «совершил настоящий подвиг, сыграв свои семь исторических концертов без нот»; что «изумительная музыкальная память» фон Бюлова «давала ему, как дирижеру, возможность также совершать подвиги, о которых раньше никто не смел и думать». С ним соперничал, однако, Рихтер, чьи концерты в Лондоне (1879—81) «привлекли особое внимание, главным образом, благодаря тому, что дирижер, зная наизусть симфонии и другие крупные произведения, дирижировал без нот». Но так как Рихтер считался непререкаемым музыкальным авторитетом, то тут уже сказать было нечего, и критики, наконец, отступились, пораженные тем обстоятельством, что, оказывается, даже и при исполнении без нот они могут испытывать истинное наслаждение от музыки.

Внушение, несомненно, сыграло свою роль в развитии памяти на музыку; обычай довершил остальное. Молодежь охотно подражает старшим, и в наши дни подвинутые студенты играют целые концертные программы по памяти — подобный вид исполнения показался бы даже опытным артистам прошлого века либо сверхдостижением, либо абсолютной невозможностью.

Есть ли какие-нибудь преимущества в игре наизусть? Не ограничивает ли это, как некоторые полагают, репертуар исполнителя; не вызывает ли ненужного напряжения и излишнего волнения? Не мода ли это, которая пройдет как кринолин, считавшийся некогда необходимостью, но впоследствии разумно отброшенный? Все это вопросы, на которые лучше всего может ответить сам исполнитель. И хотя немногие артисты в состоянии анализировать свой опыт, один из величайших сделал это. «Я, как знаток подобного рода вещей, убедился, — пишет Бузони, — что игра на память обеспечивает несравненно большую свободу выражения. Ноты, от которых зависит исполнитель, не только ограничивают его, но положительно мешают. Во всяком случае необходимо знать пьесу наизусть, если собираешься придать ей на концерте более совершенные очертания»[5].

Бузони подчеркнул некоторые преимущества игры без нот, но не все. Мнение публики дает нам дополнительные веские основания в защиту этой моды.

Следует отдавать себе ясный отчет в том, что малейшая скованность исполнителя неизбежно передается слушателям и если ноты «мешают» солисту, то и для слушателей наслаждение музыкой не может быть полным. Публика, вне всякого сомнения, предпочитает исполнение по памяти. Только очень музыкальные люди слушают музыку с закрытыми глазами, а на массового слушателя невольно действует также и внешняя сторона исполнения. Кого во время концерта не отвлекал от музыки своим озабоченным видом «некто переворачивающий страницы»? Певец, позволивший себе заглянуть в маленькую книжечку со словами, рискует потерять контакт со слушателями. Но когда слова или ноты не отвлекают, — как публика, так и исполнитель безраздельно отдают все свое внимание музыке. В Америке, где публика не только предпочитает исполнение по памяти, но и требует его, солисты (включая многих органистов) считают память необходимой предпосылкой своего исполнительского мастерства.

Но играть по памяти дома — это одно, на публике — совершенно другое. Исполнитель, превосходно играющий пьесу в одиночестве или перед друзьями, нередко на публике чувствует: «что-то идет не так». Обескураженный, он сетует на свою «плохую память».

Допустим, что ноты действительно мешают. Но почему же тогда многих, в том числе и опытных артистов, пугает выступление на эстраде без нот? Известно, что исполнитель, желающий «выдать» в интерпретируемом произведении максимум того, на что он способен, должен в полной мере овладеть этим произведением, то есть глубоко и всесторонне познать его. Почему же тогда он страшится осечек памяти? Вот как отвечает на это Бузони: «Ненадежность памяти есть следствие боязни эстрады. Когда приходит страх — голова идет кругом и память отказывает». В основе этого ответа — весь опыт Бузони. Действительно, неверие в свою память, боязнь забыть вызываются волнением, которое может помешать нормальной работе памяти и привести к полному провалу даже хорошо подготовленных исполнителей. Но гарантируют ли ноты абсолютное отсутствие эстрадного волнения? По утверждению Бузони — нет. «Если вы играете по нотам, — пишет Бузони, — то боязнь эстрады принимает другие формы; прикосновение делается неуверенным, ритм неточным, темп торопливым».

Пусть даже, играя по нотам, вы предотвратите полный провал, но вы не сможете предотвратить худшего — немузыкального исполнения.

Что же остается делать солисту? Должен ли он мириться с нотами, которые сковывают исполнительскую свободу, или выходить на эстраду без нот, чувствуя себя при этом так, точно пришел его последний час? Для большинства иного решения не существовало, и лишь немногие артисты открыли для себя секрет уверенности.

Обычно считают, что артист должен расплачиваться за привилегию самовыражения муками эстрадобоязни. Однако есть солисты, для которых эстрадное выступление является источником особого наслаждения, а присутствие публики — дополнительным вдохновляющим стимулом. Согретые внутренним творческим горением, они, как хорошие актеры, владеющие своей ролью, доверяют своей памяти, и память не подводит их.

Вот какова альтернатива: быть ли связанным нотами или волноваться без них — с одной стороны, или — с другой, выгравировав произведение во всех подробностях на скрижалях памяти, развить и укрепить веру в нее настолько, чтобы никакое вредное влияние не могло эту веру поколебать.

Мы можем почерпнуть многое из опыта фон Бюлова — музыканта, прославившегося своей феноменальной памятью. В его исполнении «все детали были продуманы и отшлифованы до тончайших нюансов, все эффекты проанализированы и рассчитаны с величайшей тщательностью, и, однако, целое оставляло впечатление теплоты и непосредственности»[6]. На примере таких музыкантов нам надо учиться, ибо психологические проблемы, которые они решали, являются нашими проблемами. Я бы назвала их проблемами «становления» и «творческой жизни» произведения.

Профессиональному психологу, рассказывает профессор Эвелинг, было предложено изучить условия работы на одном заводе. Когда соответствующие рекомендации психолога были претворены в жизнь — «результаты получились потрясающими. Ежедневная выработка на каждого рабочего поднялась в среднем с 18 до 66 изделий. Иначе говоря, производительность возросла на 266%. Предприятие получило дополнительную прибыль при той же интенсивности труда»[7].

Экономия времени, предотвращение усталости — как все это важно для музыкантов, и, однако, как редко при обучении музыке этому уделяется необходимое внимание! Ученик должен пройти «испытание тренажем», и если он не выдержит — ну что ж, «ошибка»! Хотелось бы надеяться, что учителя будут когда-нибудь уделять вопросу «как ученики учат» не меньше внимания, чем сейчас они уделяют вопросу «что ученики учат».

Соответствующая организация процесса заучивания даже бессмысленных слогов, как показал опыт, может сэкономить и время и энергию. Если это так, то, несомненно, психология может чем-нибудь помочь и учащимся, разучивающим сонату Бетховена, а тем более — исполнителям.

Есть мудрая поговорка: «век живи — век учись», и настоящая, истинная школа — это школа собственного опыта, опыта жизни. Только в этой школе можно научиться ценнейшему качеству — самообладанию. Вместо того, чтобы искать поддержки на стороне, артист должен научиться находить ее в самом себе. Когда он знает произведение наизусть и проникся им до глубины души, он в нужный момент в себе, в своей душе будет читать музыку, ставшую частью его самого, и ноты ему будут не нужны.

Эта книга является попыткой помочь каждому найти для себя лучший метод работы над произведением. Правильные занятия способствуют укреплению веры в память — веры, которая может открыть исполнителю путь на эстраду. Забыв о страхе, он будет ждать и желать публичного выступления как праздника, потому что, как говорит Бузони: «Для всех, чье призвание — выступать публично, память является в такой же мере малым препятствием, как и сама публика».

ГЛАВА II

СВОЙСТВА ПАМЯТИ

Люди различаются как по качеству памяти, так и по ее силе. Один может запомнить пьесу более или менее полно, только лишь прослушав или проиграв ее; другому для запоминания той же пьесы требуются недели. Но память того, кто учит быстро, может оказаться менее точной и цепкой, чем память «работяги», который впитывает музыку постепенно, пока она действительно не сделается частью его самого. Этот процесс постепенного впитывания позволяет, однако, сделать интересные открытия, касающиеся самой музыки, ее интерпретации, и таким образом тот, кто учит медленно, может оказаться в большем выигрыше.

«Естественная» память обычно связывается с тем, что принято называть «абсолютным слухом», однако обладатели этого дара нередко слишком уж спешат им пользоваться. Запоминая с легкостью прослушанное или проигранное, они не всегда подвергают пьесу достаточно добросовестному изучению, что совершенно необходимо для точного и уверенного исполнения наизусть.

Память молодости в высшей степени восприимчива. Даже маленькие дети могут повторять наизусть целые страницы из книг, лишь весьма смутно представляя себе их смысл. Такая память, весьма напоминающая память попугая, имеет тенденцию ослабевать с развитием интеллекта. Это и послужило основанием для некоей теории, согласно которой память ухудшается после 25-летнего возраста — возраста возмужания. Многие (в том числе и музыканты) убеждены, что после 35, самое позднее 40 лет вообще бесполезно пытаться учить наизусть что-нибудь новое. Подобная теория разрушения памяти весьма удобна для посредственного ума, который, несомненно, и является ее автором. Выбирая путь наименьшего сопротивления, большинство предпочитает почивать на лаврах с мыслью: «я слишком стар, чтобы учиться», вместо того, чтобы следовать другому принципу: «каждый день я учу что-нибудь новое». Когда же человек доволен своим физическим состоянием, он обычно забывает (или не хочет помнить), что для сохранения молодости мозг, так же как и мускулы, надо ежедневно упражнять.

Встречаются, однако, редкие, исключительные личности, избирающие линию наибольшего сопротивления. Вопреки враждебному влиянию интеллектуально косных, они не позволяют возрасту тормозить процесс умственного совершенствования. Они знают, что когда удивительная восприимчивость юности уходит, на смену ей появляется сила значительно более полезная и надежная — избирательная память зрелости.

Музыканту в 35 лет, поздравляющему себя с легкой жизнью: «я слишком стар, чтобы сосредоточиваться», следует противопоставить другого, радостно приступающего к разучиванию новой сонаты в возрасте 70 лет и старше.

Сила памяти больше, чем это обычно полагают, зависит от привычки учить; возрастающей послушностью памяти можно скомпенсировать уходящие годы. Так, Пахман в 70 лет признавался, что он только теперь начинает учиться работать. Музыкантам старшего поколения также следует попытаться найти для себя какие-то новые методы работы, воспитать в себе новые привычки, сохраняя молодость души, которая окажет самое благотворное влияние как на память, так и на дополняющую ее технику.

Книга эта написана не для ленивых. Тот, у кого нет абсолютного слуха, должен много работать, чтобы выучить наизусть произведение; другому, обладающему этим даром, придется работать над той же задачей значительно меньше, однако работать должны все.

Это вовсе не означает, что музыкант, подобно рабу, обречен на адский труд. Напротив, автор уверен, что труд музыканта может стать много приятнее и продуктивнее. Сосредоточенность будет стимулироваться интересом, разумно организованная работа вознаградится сэкономленным временем, знание элементарных законов психики — отсутствием излишней нервной напряженности.

ГЛАВА III

ЧЕТЫРЕ ТИПА ПАМЯТИ

Музыкальной памяти как какого-то особого вида памяти не существует. То, что обычно понимается под музыкальной памятью, в действительности представляет собой сотрудничество различных видов памяти, которыми обладает каждый нормальный человек, — это память уха, глаза, прикосновения и движения; опытный музыкант обычно пользуется всеми типами памяти.

1. Слуховая память

Было время, когда начинающих заставляли знакомиться с музыкой прежде всего глазами, как с чем-то, что следует скорее видеть, нежели слышать. Даже и в наши дни некоторые учат подобным образом, поощряя в своих учениках вредные привычки. Именно те, чья мускульная память управляется больше зрением, чем внутренним слухом, чаще всего и жалуются на отсутствие слуха.

Четыре типа памяти являются в значительной степени взаимозависимыми; они также сильно подвержены внушению, и если исполнитель считает, что его пальцы не могут довериться памяти слуха, — он испытывает чувство неполноценности, тормозящее общее развитие. На некоторых инструментах, правда, можно играть как бы не слушая[8], однако и здесь, если слуховая память не руководит мускульной, исполнение становится неуверенным и немузыкальным.

Не всегда понимают, что слуховую память можно развить и в зрелом возрасте. Несколько минут ежедневной тренировки слуха с последующим изучением гармонии за фортепиано постепенно создадут привычку мыслить музыку не в черных и белых символах, а в звуковых образах. Это значительно расширит исполнительские возможности, так как мускулы, действуя менее «механически», будут с готовностью отвечать намерениям исполнителя.

2. Зрительная память

Не все обладают одинаковой способностью видеть. Один мысленно видит страницу нотного текста в мельчайших подробностях; другой ту же страницу представляет себе лишь весьма туманно, упуская многие детали, тогда как третий вообще не умеет видеть внутренним взором. Тем не менее этот последний может запоминать музыку ничуть не хуже, чем первый, обладающий острым умственным видением.

Хорошо читающие с листа пользуются преимущественно зрительной памятью, однако, не имея времени осмыслить воспринимаемую музыку, они обычно оказываются не в состоянии и вспомнить ее. Это свидетельствует о том, что музыка, сфотографированная зрительным путем, совсем не обязательно должна долго сохраняться в памяти. С другой стороны, можно выучить и запомнить произведение, вовсе не видя его. Так учат музыку слепорожденные и в известной степени все те, кто, обладая обычным зрением, не умеют мысленно ее видеть (или видят очень неясно).

Многие педагоги настаивают на том, чтобы музыкальные произведения заучивались зрительным методом. Это безусловно неверно. Если ученик может при этом «слышать глазами», — тогда все обстоит благополучно, но тому, кто такой способностью не обладает, зрительный метод запоминания может серьезно повредить[9]. Тщетно стараясь запомнить музыку, многие вовсе махнули рукой на игру наизусть, считая, что у них «плохая память».

Каждый должен решить для себя, в какой мере ему следует полагаться на зрительную память. Тот, кто естественным образом «видит» музыку, поступит разумно, если будет пользоваться этой памятью и доверять ей; но также успешно запоминает музыку и тот, кто полагается на острый слух и мускульные ощущения.

Зрительная память, как и абсолютный слух, может быть очень полезной, но она отнюдь не обязательна для исполнения «без нот».

3. Тактильная память

Память прикосновения лучше всего развивается игрой: с закрытыми глазами или в темноте. Это приучает исполнителя более внимательно слушать себя и контролировать ощущения кончиков пальцев. Пианист так же, как исполнитель на клавикорде, должен прикасаться к клавишам мягко, а не ударять по ним. Хороший органист не тычет ногой в педали; он чувствует группы более коротких клавиш и таким образом, не глядя, знает, что ему надо делать.

4. Мускульная память

У исполнителя мускульная (или моторная) память должна быть хорошо развита, так как без мгновенной нервной реакции на прикосновение, так же, как и на слуховое восприятие, профессиональная техника невозможна. Движения никогда не должны быть механическими, — они должны стать автоматическими, иначе говоря, подсознательными. Только научившись играть не глядя, можно достаточно ясно представить себе, как надежна бывает моторная память, включающая также и чувство направления. Наше ухо слышит звук в данный момент; внутренним слухом мы представляем звук, который должен за ним последовать, и, если довериться памяти, руки, подчиняясь привычке, находят свой собственный путь.

5. Внутренний оркестр

Два типа памяти — моторная и тактильная — фактически неотделимы друг от друга, но в процессе заучивания наизусть должны сотрудничать по крайней мере три типа: слуховая, тактильная и моторная. Зрительная память, обычно связанная с ними, лишь дополняет в той или иной степени этот своеобразный квартет, обуславливающий формирование привычек, необходимых всякому исполнителю.

Память и привычки вместе образуют огромный капризный оркестр, участники которого, находясь в тайном и тонком союзе, способны в то же время выкидывать неожиданные фокусы. Воспитание и тренировку этого оркестра должен взять на себя требовательный дирижер — Разум, так как для решения сложных задач необходимы глубокое знание дела и строгая дисциплина.

Моторная память с трудом поддается власти дирижера. Но еще страшнее — рассеянность. Она в состоянии сбить с толку весь оркестр. Но так как привычки не терпят грубого насилия, то дирижер должен проявлять максимум терпения, чтобы репетиции проходили с наибольшей пользой.

С другой стороны, когда память подогревается интересом, отзывчивые привычки очень быстро усваивают свои роли. Хорошо натренированные, они безупречно исполняют оркестровые партии, если только Разум не капитулирует перед печально знаменитым Волнением.

ГЛАВА IV

КНИГА СОБСТВЕННОГО ОПЫТА

Психология не является монополией специалиста; каждый из нас обладает разумом — наиболее надежным проводником по страницам «Книги собственного опыта». К сожалению, многие страницы этой книги написаны языком, пока не поддающимся толкованию. И все же, читая между строк, мы можем кое-что узнать о работе нашей психики, не постигнув, разумеется, сокровенной природы души. И так же, как лучшим учителем певца являются его собственные физические ощущения, так и каждому музыканту анализ личного опыта принесет больше пользы, чем изучение теории[10]. Мы открываем книгу нашего опыта на главе первой — «О снах» — главе такой запутанной и сложной, что всей жизни не хватило бы для ее изучения. Однако уже на первой странице можно найти много интересного о работе нашей памяти.

Сны могут быть величественными или забавными, однако с точки зрения бодрствующего сознания они редко бывают разумны. Очевидно, когда мы засыпаем, контроль за психикой передается другой части нашего существа, которую за отсутствием лучшего названия мы именуем подсознанием. Таким образом, мы видим, что наша психика в соответствии с обстоятельствами работает в различных сферах по-разному. Во сне мы вдруг видим человека, о котором давным-давно забыли, но который явился нам, знакомый до мельчайших черточек, говорящий хорошо знакомым голосом. Как посмел бы музыкант, пробудившись после такого сна, сказать: «У меня нет памяти?» Даже поверхностное изучение снов свидетельствует об удивительной цепкости памяти. Некоторые психологи склонны утверждать, что память сохраняет каждое полученное нами впечатление.

Подсознание, так же как и сознание, является по своему характеру творческим. Мы узнаем человека наших сновидений в мельчайших подробностях, однако он совершает поступки, которых мы никогда не наблюдали за ним в жизни, говорит вещи, которых мы никогда от него не слышали: это подсознание забавляется, комбинируя разрозненные обрывки идей в новые фантастические формы, и мы никак не можем предугадать его намерения и реакции. Иногда оно развлекается «остротами», не содержащими с точки зрения бодрствующего сознания ни грана остроумия; иногда на него нисходит творческое вдохновение, далеко выходящее за пределы возможного.

Спящий человек, психика которого управляется подсознанием, может испытывать совершенно нелепые для бодрствующего эмоции. Подсознание, игнорируя все человеческие возможности и физические законы, в том числе и закон тяготения, может заставить вас во сне парить над землей; чувство меры, включая чувство времени, совершенно вам изменяет, и в полминуте порой может вместиться опыт целого месяца.

Мы найдем в книге снов много разнообразных персонажей, управляющих нашими подсознательными действиями, — не только ангела, демона и шута, но также и волшебника, способного в соответствующем настроении решить почти любую проблему.

Подсознательная деятельность никогда не прекращается. Ночью, под аккомпанемент непрерывных снов, сердце должно биться так же, как днем, легкие — дышать, ткани — восстанавливаться. Мы считаем многое — в том числе здоровье, способность двигаться, говорить — само собой разумеющимся и принимаем это как должное. И хотя близкое знакомство с явлениями имеет тенденцию лишать нас возможности удивляться, давайте все же, как сознательные исследователи, задумаемся над чудом живой памяти, управляющей многими функциями человеческого организма. Ведь память, а вовсе не боязнь ее потерять, дана нам от рождения. Можно ли сомневаться в совершенстве ее работы?!

Один только акт речи — явление физиологически значительно более сложное, чем игра на музыкальном инструменте, и если уж музыкант может повторить словесную фразу по памяти, то вспомнить музыкальную фразу, должно быть, сравнительно просто[11].

Исполнение музыкального произведения, так же как и речь, — приобретенные навыки, а не естественно совершаемые действия (подобно биению сердца). Этими навыками нужна сознательно овладеть. Для того, чтобы научиться говорить, или писать, или играть гамму, требуется усилие, и усилие тем меньшее, чем больше тренируешься. В конце концов после достаточного количества упражнений можно выполнять эти действия «не думая». Исполнение концертной программы наизусть кажется непосвященному слушателю чудом, в то время как опытный солист считает это совершенно естественным. Когда управление движениями переходит к «разуму привычки» — подсознанию, эти движения, не утрачивая своей первоначальной сложной структуры, становятся естественными и легкими. Сознательное внимание в каждый данный момент может уделяться только одному предмету, подсознание же одновременно управляет бесчисленным количеством операций. Если бы не это поразительное свойство подсознания, приобретаемые навыки были бы страшно ограничены как по объему, так и по своему характеру.

Результатом всякого обучения является формирование привычек, целесообразных или нецелесообразных, но началом этого процесса управляет сознание. Отбор материала, формирование навыков, анализ сделанной работы — все это входит в задачу Разума, и музыкант, представляющий себе впечатлительность памяти и ее природную цепкость, должен отнестись к этой задаче серьезно и ответственно.

Исходя из сугубо практических соображений, мы ограничимся упрощенным представлением о двух сторонах нашего существа — сознании и подсознании. Однако, отдавая себе отчет в бесконечной сложности общей проблемы, музыкант должен терпеливо изучать методы работы, пытаясь, насколько позволят его силы, постичь глубокую тайну памяти.

ГЛАВА V

СОЗНАНИЕ И ПОДСОЗНАНИЕ

Успехи в музыке невозможны без достаточной силы воли, но даже наибольшее волевое напряжение представляет собой скорее умственное, нежели какое-либо внешнее усилие. Конечно, в зависимости от степени подготовки это напряжение может быть больше или меньше, и все же одна только решимость, даже самая пламенная, еще не обеспечивает успеха. Известно, например, что когда мы очень стараемся заснуть — сон к нам не приходит; если мы прилагаем особые усилия к тому, чтобы не волноваться — получается только хуже.

В психологии известен интересный закон, который называют «законом обратного усилия». Вот что говорит по этому поводу Байдоуин: «Если кто-либо находится в состоянии, описываемом словами: «я бы хотел, да не могу», — он может хотеть сколько ему угодно, однако чем больше он старается, тем меньше ему удается»[12].

1. Вмешательство сознания

Если даже противовнушение и не так активно, как в случае «обратного усилия» («я бы хотел, да не могу»), одна только сознательная мысль может оказаться серьезным препятствием подсознательному действию; если мы сознательно стараемся играть правильно, когда играем по памяти, — мы просто преуспеем в делании большего количества ошибок, чем обычно. Во всех случаях, когда действие благодаря многократным повторениям стало привычным, следует избегать активного вмешательства сознания.

Мужчина завязывает галстук столь часто, что прекрасно может это делать машинально; но, если по неосторожности он задумается над тем, как это делается, — узел получится плохой и все нужно будет начинать сначала. Выходя на эстраду, оратор стремится выглядеть вполне респектабельно, однако, уделяя этому чрезмерное внимание, идет неестественно, скованно. Опытная машинистка, слишком старающаяся избежать ошибок, обязательно сделает их необычно много. Вряд ли здесь необходимы еще примеры того, что можно назвать «вмешательством сознания», — в «книге нашего опыта» мы можем найти их достаточно. Итак, если музыкант, играя пьесу, думает о технической стороне вместо того, чтобы отдавать все свое внимание самой музыке, — исполнение будет ужасным даже и в тех случаях, когда перед ним стоят ноты; при отсутствии же нот вмешательство сознания может вызвать полный провал памяти.

Такого рода явления не обязательно обусловлены боязнью (как в случае обратного усилия); они могут быть порождены элементарным незнанием основ психологии. Некоторым людям просто никогда не приходит в голову, что, поскольку жизнь состоит в значительной степени из умственных и физических привычек, — должна существовать какая-то часть нашего «я», ответственная за эти привычки. Даже опытные музыканты, не имеющие ни малейшего представления о возможностях подсознания, иногда считают сознание полностью ответственным за все их поведение на эстраде.

2. Пассивное внимание

Следует всегда помнить, что отбор, воспитание привычек, а в случае надобности также исправление их являются задачей разума музыканта, но на эстраде привычкам необходимо предоставить свободу действий — здесь контроль сознания будет уже излишним. Сознательное старание неизбежно вызывает напряженность, а механизм памяти (или припоминания) может работать безупречно только тогда, когда память свободна от всякой скованности. Вниманию в этом случае должна отводиться, так сказать, «пассивная» роль.

Разум, которым справедливо гордится человек, является лишь небольшой частью его индивидуальности; наряду с ним существует более древнее и всеобъемлющее подсознание, которому и нужно дать свободу действий.

3. Тесный союз

Опытная машинистка или вязальщица работают настолько подсознательно, что их внимание может свободно развлекаться совершенно посторонними мыслями. Некоторые виды машинописных или вязальных работ совсем не требуют внимания, и то обстоятельство, что мысль в этих случаях занята чем-то совершенно посторонним, по существу помогает работе рук, позволяя подсознательным привычкам действовать без помех. Правда, игра на музыкальном инструменте в значительной степени отличается от работы на машинке, и, хотя движения музыканта-исполнителя также должны стать автоматическими в том смысле, что о них не нужно думать, их нельзя превращать в чисто «механические». Сознание не должно мешать работе подсознания, однако в музыкальном исполнении эти две стороны нашего «я» не могут действовать независимо друг от друга: им предназначено искусно сотрудничать.

4. Роль внимания

Здесь мы должны задать себе важный вопрос: в чем же состоит разница между автоматизировавшимся (свободным), но вместе с тем выразительным исполнением и таким исполнением, которое, подобно пианоле, звучит в полном смысле этого слова механически? Ни физиолог, ни психолог пока не могут разрешить эту проблему, и потому давайте посоветуемся с нашей «книгой опыта», где мы найдем не собственно ответ на вопрос, а только лишь причину различия между двумя упомянутыми видами исполнения.

Любой пианист, одаренный технической свободой, может, играя пьесу по памяти, в то же самое время, подобно искусной вязальщице, читать незнакомую книгу — интересное явление, свидетельствующее о большом совершенстве и независимости моторной памяти. Но получающееся при этом исполнение не может быть названо музыкальным в точном смысле, так как в этом двойном действии ум пианиста должен быть занят тем, что он читает, и внимания для музыки не остается. Легко можно предположить, что недостаток осмысленности в исполнении является следствием недостатка внимания. Если вместо музыки обратиться к речи, мы увидим, что остается в силе тот же закон: когда отсутствует внимание — смысл теряется.

Автор этих строк имел возможность наблюдать печальный случай: некий лектор так боялся забыть свою выученную слово в слово речь, что выпалил ее с предельной скоростью монотонным голосом привидения. Его внимание было явно отдано не содержанию речи, а стремлению во что бы то ни стало пройти через тяжкое испытание, избежав катастрофы. Нетрудно догадаться, что в лекции отсутствовал всякий смысл. Это был поучительный пример того, как не надо говорить.

Поскольку слова являются прямыми носителями смысла, — только немногие публичные «лекторы» поддаются искушению пользоваться ими бессмысленно. Подобным печальным исключением может явиться разве только какой-нибудь невежественный гид, который, повторяя как попугай свой монолог на протяжении многих лет, утратил к нему всякий интерес.

5. Музыкальный смысл

Содержание музыки, в отличие от смысла речи, менее определенно, и полностью раскрыть и понять его могут относительно немногие. Действительно, масса людей увлекается исполнителями, которых посвященный музыкант считает совершенно немузыкальными. Широкая публика находит прелесть, главным образом, в скорости игры; ее, как ребенка, гипнотизирует самый поток звуков. Приходилось слышать, как люди говорят: «Я люблю музыку потому, что она заставляет меня о многом задуматься». И хотя музыка может вызвать и вызывает некое блуждание мысли у тех, кто слушает, но не слышит, — для истинного музыканта она имеет вполне определенный смысл, который приковывает внимание так же, как и смысл слов. Одно дело — чувствовать музыку, другое — понимать и уж совсем особое дело — авторитетно говорить ее языком.

Есть исполнители темпераментные, недостаточно пользующиеся контролем сознания и полностью полагающиеся на чувства; есть рациональные, так много думающие, что все их чувства находятся в состоянии угнетения. Величайшие же артисты служат примером равновесия чувства и разума, примером их сотрудничества. Этой внутренней уравновешенности нельзя научить — она является следствием индивидуальных особенностей личности.

6. Индивидуальность

Повседневные привычки музыканта формируют его индивидуальность, которой в значительной степени определяется как манера исполнения, так и работа памяти. Тот, кто разрешает эмоциям выходить из-под контроля, может потерять контроль над техникой; кто слишком много думает — может вызвать провал памяти; осаждаемый ежедневными страхами будет нервничать всегда и везде; рассеянный в привычных домашних условиях вряд ли сумеет собраться на эстраде. Только музыкант с уравновешенным характером находится «в безопасности». Всегда собранный, он не позволит смущению отвлечь себя. Подобно дирижеру, он, образно говоря, повернется спиной к аудитории и спокойно отдастся музыке, будучи уверенным в том, что память и привычки, натренированные разумными упражнениями, подчинятся его музыкальному руководству.

ГЛАВА VI

ПРЕДСТАВЛЕНИЕ (УМСТВЕННОЕ ВИ́ДЕНИЕ)

Мы открываем нашу «книгу опыта» на длинной главе «Детство», где среди воспоминаний об уроках находим столь знакомые слова учителя: «Думай о том, что ты делаешь». Таким образом, мы рано узнаем, что внимание имеет какое-то отношение к таинственному процессу обучения. Но как трудно бывает сосредоточиться на утомительных занятиях, когда на дворе идут увлекательные игры!

Наш учитель музыки, однако, не был достаточно настойчив, требуя внимания. Обращаясь к далеким воспоминаниям о занятиях музыкой в детские годы, мы воскрешаем в памяти самые скверные методы обучения, основанные на моторике, не подкрепляемой разумом.

Взрослые, как и дети, могут страдать от рассеянности во время занятий, а многие сознаются, что вообще бессильны направлять в определенное русло свои мысли. Выбирая путь наименьшего сопротивления, они, подобно ребенку, зазубривающему непонятное, продолжают учить музыку путем многократных повторений. Неразумные методы работы приводят к тому, что исполнение выходит из-под контроля: чувства дезорганизуют еще неокрепшие привычки, а виновницей провала считается память, хотя она-то здесь виновата далеко не в первую очередь.

1. Сосредоточенность внимания

Собранность подобна умственному видению, которое может быть сфокусировано вниманием. В физическом смысле мы видим более ясно то, на что непосредственно смотрим, хотя в это же время менее отчетливо видим и другие предметы. Точно так же мы яснее представляем себе идею, когда внимание обращаем непосредственно на нее, хотя на периферии нашего сознания часто ощущаем наличие других идей.

Ум, как и глаз, устает, если долго сосредоточивается на одном предмете; неугомонный по природе, он всегда предпочитает менять объекты внимания. Кино удовлетворяет эту потребность ума в переменах и может удерживать внимание даже неразвитых людей много часов подряд. Музыка также бесконечно изменчива, и ее движущиеся образы могут долго занимать мысли любителя.

Хорошо известно, что люди обладают различной способностью к сосредоточенности; известно также, что эту способность можно развить упражнением. Но не всегда отдают себе отчет в том, что сосредоточенность, как атрибут памяти, является неотъемлемым свойством каждого нормального интеллекта. Рассматривая наиболее естественные ее проявления, можно понять, чем эта способность обусловлена.

2. Непроизвольное внимание

Ребенок, играющий в свою любимую игру, олицетворяет собой полную сосредоточенность. Он так поглощен, что все остальное для него перестает существовать. Животные также могут испытывать состояние сосредоточенности, что можно наблюдать на охотничьей собаке, идущей по заячьему следу. Очевидно, когда предмет (или идея), на котором фиксируется мысль, связан с интересом или удовольствием, возникает «непроизвольное» внимание.

Взрослые, так же как и дети, сосредоточиваются на объекте на более длинный или более короткий срок в зависимости от привлекательности этого объекта. Не только влюбленный, но артист, ученый и бизнесмен могут переживать моменты (возможно, даже годы), когда чувства так усиливают интерес, что интересующий объект — человек, мысль, предмет желаний — могут стать навязчивой идеей, полностью поглощающей все мысли. Музыкальные занятия, целиком поглощающие внимание, также вполне возможны, так как для истинного ценителя музыка содержит главные побудители сосредоточенности — движение, интерес, удовольствие и эмоции, поднимающиеся порой до страсти.

3. Обучение

Как же научиться по собственному желанию вызывать непроизвольное, естественное внимание? Здесь опять есть что позаимствовать как у детей, так и у животных, наблюдая методы работы с ними. Ребенка путем строгого распоряжения или под угрозой наказания можно заставить временно заняться не интересующим его делом, однако современный учитель знает, что такой метод обучения является бесплодным. Он был забракован даже дрессировщиками зверей. Укротители львов —

и те пришли к выводу, что их подопечные под давлением страха учатся много хуже; если же ввести в дело стимул возможной награды, антипатия сменяется любовью и обучение идет успешнее.

Как трезвые люди, мы должны примириться с мыслью, что в области самообучения бесполезно пытаться победить в себе ребенка[13]. Признавая непроизвольное внимание, следует терпеливо изучать его, как изучают ученика, приноравливаться к нему и награждать его, — только тогда можно будет правильно им руководить. Музыкант, не научившийся сосредоточиваться в процессе работы, должен критически пересмотреть свой метод занятий, если нужно смело отбросить его и благоразумно прописать себе новую систему, более отвечающую внутренним потребностям.

4. Степени внимания

Интерес, вдвойне усиливающийся под воздействием эмоций, будет всегда, подобно магниту, привлекать (либо отталкивать) внимание. Напряжением воли можно насильственно отвлечь его и сосредоточить на чем-нибудь другом, но как только контроль ослабевает, внимание снова устремляется к интересующему объекту или к чему-то, что нас беспокоит и чем мысль предпочитает заниматься в силу привычки. Помимо этого типа внимания, требующего сильного напряжения воли и быстро утомляющего, — существует еще два типа, необходимых соответственно для работающего над пьесой и для исполняющего ее.

Представим себе музыканта, рассматривающего понравившуюся ему картину. Здесь возможны два случая: либо он рассматривает картину, сознательно ее изучая, либо, отдавшись непосредственности восприятия, позволяет картине целиком поглотить себя. В первом случае музыкант анализирует произведение, замечает пропорции, ритм, линии, цветовое решение, наконец, соотношение частей и целого, иначе говоря, — пользуется вниманием активно; во втором случае он предоставляет свободу своим чувствам, а сознанию отводится лишь второстепенная роль. При этом известная степень устойчивости внимания приводит к некоему равновесию сознания и подсознания.

Если рассматривать картину пассивно, то чувства могут быть взволнованы скорее сюжетом, нежели качеством выполнения; слушая музыку, убаюкивающую своими звуками, можно пребывать во сне наяву. Но так как в обоих случаях мысль отвлекается еще и личными ассоциациями, сосредоточенность внимания как на картине, так и на музыке не может быть полной.

Простое рассматривание картины, конечно, оставит впечатление в уме, так же как и пассивное слушание музыки. Но для того, чтобы вспомнить впоследствии достаточно подробно и то и другое, требуется внимательное изучение и пристальное рассматривание. Даже Моцарт нашел свою запись *Miserere* Аллегри неточной: после второго прослушивания он вынужден был сделать в своем первом варианте исправления и добавления.

5. Внимание и усталость

Люди различаются и по степени устойчивости внимания, причем в значительной мере это зависит от физического состояния. Тот, кто устал или только что оправился после болезни, должен проявлять терпение. Вместо того, чтобы заставлять себя работать против воли, он должен дать себе отдых, читая с листа или играя хорошо знакомые пьесы. Пассивное внимание менее утомительно, чем его активная форма. Благоразумный студент не будет пытаться насиловать утомленное внимание, перестанет беспокоиться по поводу рассеянности, а постарается разнообразить упражнения. Занимаясь с умом, он найдет для себя достаточно дела в музыке; научившись прекращать работу до наступления усталости, он избежит обычной формы рассеянности.

6. Внимание против воли

Иногда, однако, подсознание ведет себя как упрямый ребенок, который твердит: «Я не хочу это учить»! Но подобно ребенку, подсознание бывает порой удивительно благоразумным: если поощрить его побудительным мотивом, оно будет учить с поразительной скоростью. Было доказано, что время заучивания даже бессмысленных слогов (лишенных как интереса, так и каких бы то ни было связей) может быть уменьшено вдвое, если ввести в действие побудительный мотив в форме самоиспытания. В равной степени побудительный мотив эффективен и в музыкальной практике. Внимание может быть мобилизовано вопросом: «Насколько быстро я смогу это выучить?» Если поставить перед собой цель фиксировать необходимое для выучивания время — это прибавляет изюминку соревнования... с самим собой. Трудные и неинтересные места произведений полезно учить всего 5–10 минут в день: за столь короткое строго лимитированное время эти отрывки не успеют надоесть. Во всех случаях, когда нет достаточно мощного стимула, поощряющего работу, нужно апеллировать к эгоизму — магниту, который неизменно притягивает внимание. При этом следует рассуждать примерно так: «Делая это хорошо, я разовью способность сосредоточиваться; делая это как можно быстрее, я сэкономлю больше времени для интересующей меня работы». Эти простые аргументы творят чудеса, и их следует всегда приводить себе, когда приступаешь к задаче, которую нужно обязательно решить, какой бы неприятной она ни казалась. Вот что советует Уильям Джеймс: «Систематически проявляй героизм в малых, несущественных делах; каждый день или каждые два дня делай что-либо только из тех соображений, что это трудно»[14]. Увы, жизнь артиста требует более суровой дисциплины! Но уже хорошо и то, что задача, кажущаяся на первый взгляд тяжелой и утомительной, может оказаться в высшей степени увлекательной, если взяться за нее с интересом, подкрепленным побудительным целенаправленным мотивом.

7. Передышка

Многие студенты знают, что для успешных занятий необходимо пристальное внимание. Однако далеко не все отдают себе отчет в том, что перенапряженное внимание утрачивает остроту восприимчивости, а это обстоятельство, в свою очередь, может привести к искажению запечатлеваемого образа. Хотя в работе над произведением пределов не существует, однако нельзя заниматься слишком много времени подряд одной и той же пьесой. Китайцы уже много веков назад периодически убирали от обозрения сокровища искусства, понимая, что даже величайшие творения человеческого духа теряют часть своей эстетической ценности, если становятся уж слишком знакомыми и привычными[15]. Самое пылкое воображение утомляется, когда нет достаточного разнообразия.

Полная сосредоточенность в течение целого дня невозможна. Даже очень дисциплинированный ум время от времени должен отвлекаться: внимание, как и музыкальная фразировка, требует «люфтпаузы». Но грезить наяву — еще не значит просто зря тратить время. Работающий немного, но сосредоточенно может в итоге сделать больше того, кто никогда не позволяет своим мыслям отвлечься от дела и побродить по свежим полям, где только и можно обрести вознаграждение за мечтательность — новые воодушевляющие идеи. Вызревая в глубинах души, они лучше всего постигаются в минуты покоя.

ГЛАВА VII

МУЗЫКАЛЬНОЕ МЫШЛЕНИЕ

Два одинаково хороших интерпретатора могут совершенно по-разному прочитать одну и ту же пьесу — факт, свидетельствующий о том, что артист не ограничивает себя выписанными «обозначениями выразительности», и так как нотная запись музыкального произведения не в состоянии абсолютно адекватно выразить его дух, — каждый студент должен любую разучиваемую пьесу делать как бы собственным изданием.

Эта глава является попыткой ответить на вопрос, тесно связанный с проблемой памяти: «Как можно добиться исполнения, музыкального во всех отношениях»?

1. Ученик и артист

Неопытный ученик играет так, как его учили, ибо думать самостоятельно он еще не умеет; следствием этого является недостаточно убедительное исполнение. Зрелый артист, наоборот, играет уверенно: чувства подсказывают ему единственно правильное для него исполнение, и внутренняя убежденность выражается в каждой ноте.

Проблемы интерпретации музыки и речи во многом сходны по бесконечному разнообразию средств выражения, таких как темп, интонация, тембр. Для оратора, однако, не требуется знаков выразительности: прочтение слова диктуется его смыслом. Хороший актер не выучивает свою роль сначала бессмысленно с тем, чтобы потом, подумав, прибавить кое-где экспрессии. Но именно так многие учащиеся разучивают свои произведения. Они уделяют второстепенным моментам (например, аппликатуре) значительно больше внимания, чем существенным, определяющим в конечном счете все остальное, включая и правильную аппликатуру. К таким существенным моментам, в первую очередь, относится фразировка.

2. Музыкальная мысль

Всякий артист должен мысленно представить себе произведение, прежде чем придать ему внешнюю форму. Так же как художник видит свое творение умственным взором до того, как он воплотил его на полотне, так и музыкант должен создать для себя творческий замысел пьесы, которую он собирается исполнять. «Слышать — не значит просто слушать, — это можно делать и автоматически, — говорит Маттей. — Активное слушание предполагает непрерывное слушание вперед»[16]. Особенно это необходимо для певца. Чтобы правильно интонировать, он, прежде чем спеть ноту, должен взять ее мысленно. Пианист же может поддаться искушению, полагаясь исключительно на мускульную и осязательную память, пользоваться своими пальцами так, как это обычно делает машинистка.

Если принять за правило, что пианист должен творчески «мыслить» произведение, прежде чем играть его, то как ему следует работать, чтобы достигнуть эффекта? Как поступать в тех случаях, когда у него уже выработалась привычка к рассеянности во время упражнений? Как воспитать внимание, чтобы без участия моторики оно не упускало ни одной ноты?

Важнейшую роль в выразительном прочтении слов и музыкальных звуков играет ударение, и пианисту будет проще решить проблему выразительности, уделив внимание в первую очередь вопросам акцентуации.

3. Акцент

В музыке, как и в книгах, автор предусматривает специальные ударения, подчеркивая отдельные ноты, как, скажем, в нижеследующем примере. Фразу следует спеть (*creschendo*), предпочтительно пользуясь французским счетом[17], затем сыграть (без счета). Снова пропевая фразу и подчеркивая отдельные ноты, пианист увидит, что он делает крещендо и в тех случаях, когда поет про себя, а не вслух.

1

Музыкально мыслить ноту — значит «поместить» ее в контекст, и в этом случае звуку неизбежно будет уделяться больше внимания, чем технике (способу пользования пальцами и клавишами). Таким образом, мыслить звуки и думать о нотах, называя их, — вещи совершенно различные. Первый случай обуславливает исполнение музыкальное и свободное; последний — немузыкальную игру с возможными, весьма частыми осечками памяти, вызываемыми вмешательством сознания. В первом случае, правда, только периферийное внимание будет уделяться прикосновению: желаемый звук подскажет пианисту необходимые ощущения.

4. Несколько слов об уверенности

В музыке, так же как в речи, звуки различаются по силе ударений, а некоторые и вовсе являются безударными. Однако ни одна нота, как бы она ни была коротка, не должна исполняться небрежно. В нижеприведенных фразах даже тридцатьвторые имеют значение трамплина для последующего акцента. Учащийся должен мысленно представить себе эти фразы; затем сыграть их, пропевая звуки про себя, как в предыдущем примере.

Глядя в ноты, один исполнитель может представлять себе высоту, но не длительность, другой — длительность, но не высоту; однако в знакомой музыке каждый должен уметь (подобно тем, кто хорошо читает с листа) по виду нот представлять себе их высоту, длительность и качество звучания.

Чтобы проверить, представляешь ли себе музыку, следует очень медленно проиграть хорошо знакомый отрывок; если ты мысленно слышишь каждую ноту (или аккорд) до того, как они зазвучат на инструменте, — значит ты на правильном пути. Чистота звучания, появляющаяся в результате мысленного представления, особенно существенна «в эфире»; каждый выступающий по радио должен помнить, что радиослушателей нельзя провести быстрой игрой. Невидимая публика требует главным образом определенности и смысла.

5. Счет

Французский счет очень поможет начинающему при мысленном размещении звуков, так как с каждым из них сознательно ассоциируется произносимый слог. «Раз и, два и, раз» было старомодной попыткой создать подобного рода ассоциации, однако этот метод не предусматривал слогов для более мелких долей такта, как, скажем, в вышеприведенном примере, и потому подобные ритмические рисунки редко воспроизводились солистом с абсолютной точностью. Французский же счет помогает придать каждому звуку его точную длительность.

Следует ясно понимать, однако, что любой счет является просто подготовкой навыка; своевременно не отброшенный, он может поразить собственную цель. Так например, ученики, упорно считающие вслух во время занятий, на экзамене, лишенные этой привычной психологической поддержки, обязательно растеряются. Упражняясь, нужно осмысливать фразу, считая вслух, если это необходимо; затем играть без счета, предоставляя чувству времени внутренне управлять движением.

6. Музыкальная речь

Само собой разумеется, что при очень быстром исполнении мышление и действие почти совпадают во времени и пианист в этих случаях должен мыслить звуки группами подобно тому, как быстро печатающая машинистка мыслит буквы. В записанной речи буквы группируются в слова, но, к сожалению, обычная нотная запись, группирующая ноты в соответствии с тактовым делением, оставляет на бумаге между тактами лакуны как раз там, где ухо не должно их слышать. Сравните обычную группировку нот с группировкой в нижеприведенных отрывках, в которых ноты связаны так, как они должны связываться мысленно — без разрыва перед сильной долей.

Р. Шуман. Токката op. 7 C-dur

3 Allegro

А. Скрябин. Прелюдия op. 31 № 1

4 Andante

В записанной речи словесная группировка легко определяется глазом благодаря знакам препинания; в музыке же выделять группы звуков призваны дугообразные линии, называемые знаками фразировки. Но фортепианная музыка часто украшена такой фразировкой, которая не имеет никакой связи с музыкальной пунктуацией. Дело еще осложняется тем, что и тактовые черты нередко ставятся не там, где надо. Теоретически предполагается, что они указывают приближающуюся сильную долю, как в нижеприведенной фразе, разделенной «тактовыми чертами» соответственно музыкальной записи:

To| be, or | not to be; | that is the | question[18]:

Но в музыке мы стоим перед следующей проблемой:

Здесь, как мы видим, неправильно размещены тактовые черты, что ошибочно подчеркивает не ту долю; неправильно расставлена также и лигатура, указывающая дыхание в местах, где ни один певец не будет дышать. Это так же бессмысленно, как написать слова Шекспира следующим образом:

To; be or not, | to be; that, | is the; question:

Учащиеся часто не понимают, что, собственно, они должны выражать; не мудрено поэтому, что некоторым бывает так трудно вспомнить музыку. Но что же делать? Как отредактировать музыкальный текст, чтобы потом с предельной ясностью исполнить произведение?

Прежде всего надо представить себе, что маленькая музыкальная группа (музыкальное слово) обычно начинается перед тактовой чертой и на примере речи будет выглядеть следующим образом:

To b | e, or no | t to be;

Сравните это с примером 3 и 4 (с. 38), где сама группировка нот выражает поступательное движение музыки. Учащимся будет весьма полезно ознакомиться с книгой Маттея «Музыкальная интерпретация», в которой можно найти подробные указания, как добиться ритмически пластичной игры. Тактирование (распределение слабых и сильных долей) не следует смешивать с музыкальным ритмом, непрерывное движение которого уподобляется волнообразным движениям змеи.

7. Фразировка

Внутри общего движения мы находим ряд лиг, как больших, так и малых, расположение которых определяется фразировкой. Конец одной лиги может быть началом другой; в иных случаях их расположение указывает на необходимость определенного музыкального дыхания (см. примеры 6 и 2).

6

Обозначенные в тексте или необозначенные, эти лиги, однако, существуют всегда, и музыкальные люди невольно чувствуют их. Немузыкальный исполнитель представляет себе ритм вальса так: 1—2—3, 1—2—3, но музыкальный человек будет мыслить его иначе: 1—2, 3—1—2.

8. Память и фразировка

Хорошо выученную музыку можно с помощью фотографической[19] памяти записать со всеми подробностями. Но исполнение этой музыки — совсем другое дело: оно теснейшим образом связано с воспитанием привычек. Если у учащихся образуется привычка запинаться, музыкальное мышление также становится неуверенным. Однако если в быстрых пассажах внимание будет уделяться не столько каждой отдельной ноте, сколько целой музыкальной группе (слог, слово, фраза) — самая слабая техника заметно улучшится.

Отсюда ясно, как существенна для выучивания правильная группировка нот. Прежде всего, легко учить нечто такое, что выглядит коротким и что звучит мелодично; далее, так как основой памяти и техники является непрерывная цепь мышления, то понятно, что и память, и техника могут пострадать, если упущено какое-то музыкальное звено. У исполнителей на струнных инструментах фразировка более музыкальна, чем у пианистов. Возможно, что движения смычка располагают к движению музыки, или звук инструмента более напоминает человеческий голос. Физическое дыхание в пении придает протяженность звукам, и если учащийся-пианист следует за голосом, — он инстинктивно чувствует, на каких звуках сделать ударение, какие сгруппировать вместе и где сделать паузу.

Ниже приводятся несколько отрывков, в которых более мелкие группы намечены пунктирными линиями. Конец лиги, однако, не должен нарушать движения, а также разрывать *legato*, как при обычных лигах.

Л. Бетховен. Соната № 14, cis-moll, ч. I

7

И. С. Бах. ХТК, т. II. Прелюдия c-moll

8

Ф. Шопен. Прелюдия ор. 28 № 19

9

И. С. Бах. ХТК, т. II. Прелюдия d-moll

10

В сомнительных случаях разум может помочь с таким же успехом, как и голос. В примере 11 второй вариант предпочтительнее, так как проходящие ноты возвращаются к гармоническим звукам.

Ф. Шопен. Фантазия-экспромт ор. 66

11

Во время исполнения важно, как говорит Маттей, мыслить в направлении кульминации, а не от нее, как делают многие, введенные в заблуждение видом музыкальной записи. Сравните примеры, приведенные ниже, где перегруппировка нот (во втором случае) стимулирует движение (группы мелодических звуков указаны пунктирными линиями).

И. С. Бах. ХТК, т. II. Прелюдия G-dur

12

Allegro vivace

NB. Ни одна из пунктирных линий в этой книге не должна приниматься безоговорочно: исполнители чувствуют фразу по-разному. Существенно, однако, что внутри длинных линий звуки должны мысленно группироваться в более короткие музыкальные и ритмические фразы.

9. Двойственность внимания

Нет лучшего руководителя в искусстве фразировки, чем собственный голос. Но если непрерывно петь во время занятий, то привыкнешь и начнешь петь на публике, а это раздражает любую аудиторию. Кроме того, во время пения исполнитель будет слишком отдаваться чувству; его внимание станет менее беспристрастным, менее критическим, чем когда оно сосредоточено исключительно на исполняемой музыке. Пением вслух инструменталисту следует пользоваться только как звучащим эталоном фразировки, и, как правило, оно должно скорее предшествовать игре, нежели аккомпанировать ей.

Как уже указывалось, музыкальное внимание двойственно по своему характеру: мы прислушиваемся к тому, что делаем в данный момент, и в то же самое время думаем вперед, так как творчески формируем звук до того, как его берем. Хороший дирижер — не только актер, но к тому же и пророк. Управляя звучащей музыкой, он посредством своих движений и глаз творит для оркестра форму и настроение приближающейся фразы.

ГЛАВА VIII

ПРОЦЕСС СТАНОВЛЕНИЯ ОБРАЗОВ

Многие студенты спрашивают: «Когда мне приступить к запоминанию?» На это есть только один ответ: «Когда в следующий раз сядешь за инструмент». Даже занимаясь бездумно, мы запоминаем, — ведь при этом тренируются вредные привычки.

Учащемуся с «плохой» памятью следует прежде всего усовершенствовать свой метод работы. От качества занятий в значительной степени зависит и поведение памяти.

Работа над пьесой сводится к трем процессам:

1. Тренировка различных типов памяти (регистрация впечатлений).
2. Тренировка привычек (ассоциации).
3. Тренировка исполнительских навыков (припоминание).

1. Мысленная фотография

Что мы запоминаем? То, что замечаем. Что мы замечаем? То, что привлекает наше внимание. Подсознание фиксирует впечатления и без участия внимания, но чтобы произвольно вспоминать впоследствии эти впечатления, мы должны разумно управлять формированием образов в нашем сознании.

Как отчетливо мы помним первый урок музыки, первый экзамен, первый публичный концерт! Ясность этих картин в нашей «книге опыта» убедительно доказывает огромную важность всех первых впечатлений[20]. Многие студенты просматривают новую пьесу «просто так», чтобы представить вообще, «как это выглядит»; они не отдают себе отчета в том, что если первое прочтение неправильно, — пьеса может быть загублена навсегда. Мыслящий же студент предпочтет воспользоваться советом «Тише едешь — дальше будешь». Он знает, что если первое впечатление ясно, точно и музыкально — значительная часть работы уже сделана. Для подсознательной памяти нет ничего несущественного. Каждая неправильно взятая нота, каждая ошибка в прочтении, каждая запинка регистрируются, — слабо, если внимание рассеянно, но все же регистрируются. Поэтому студент должен думать о том, что он делает, и думать очень сосредоточенно до тех пор, пока не натренированы необходимые привычки.

Дирижер на первой репетиции не раздает своим оркестрантам новые партии, не продумав предварительно всю партитуру. Не зная музыки, он не имеет права руководить оркестром. Точно так же, прежде чем играть пьесу целиком, ученик должен многое прояснить в ней. Нотная запись является лишь контуром музыкальной картины; настроение наполнит ее внутренним содержанием. Следует вчерне продумать большие линии и наметить более мелкие (фразы), после чего можно уже добавлять и детали. Работая над новым произведением, каждый хороший дирижер на первой репетиции уделяет особенно много времени фразировке. Так же должен поступать и исполнитель, увязывая на первых занятиях аппликатуру с фразировкой — ведь привычки, подобно памяти, цепко удерживают первое впечатление. Каждый знает, как трудно переучивать заученную аппликатуру! Пусть даже новая аппликатура лучше прежней — старые привычки могут вернуться, если ослабеет контроль сознания.

Особенно добросовестной работы требуют самостоятельные занятия при освоении нового произведения. Разбирая его, мы должны ограничивать себя материалом, который нам необходимо выучить в данный момент, и откладывать исполнение всей пьесы до тех пор, пока не выработаются устойчивые привычки. Именно потому, что пьеса новая, а ко всему новому мы проявляем повышенный интерес и внимание, давайте «выжмем» максимум из того, что дает новизна для заучивания всего и вся, включая и музыку.

ГЛАВА IX

ТРЕНИРОВКА ПРИВЫЧЕК

Многие музыканты жалуются на отсутствие памяти на том лишь основании, что потратив много времени на заучивание отрывка, они на следующий день не могут его вспомнить. Чем ярче впечатление — тем опасность забывания меньше. Но надежное выучивание наизусть музыкальной пьесы — очень сложное дело, которое требует времени. Начертить по памяти запутанную карту с одного взгляда невозможно; для того, чтобы удержать ее в памяти, первое впечатление нужно подкрепить много раз, уделяя с каждым разом все большее внимание деталям.

Каждый учащийся, приступая к разучиванию пьесы, должен проявлять максимум терпения. Ни одно впечатление не пропадает, каждое последующее закрепляет и расширяет предыдущее, и заучивание идет с увеличивающейся скоростью, если только повторения правильно распределены во времени. Но повторения, хотя они и необходимы, не могут заменить сознательной мысли, и в недооценке этого обстоятельства — главная ошибка учащихся[21]. Для запоминания карты недостаточно просто много раз посмотреть на нее: чтобы очертания сохранились в памяти во всех деталях, следует думать о них, сопоставляя одну подробность с другой. При всем своем сходстве реки выглядят на карте по-разному, и сравнение деталей поможет нам удержать в памяти запутанную картину. Этот способ анализа и установления сознательных ассоциаций является также единственно надежным для запоминания музыки. Вот два отрывка, которые начинаются одинаково, но кончаются по-разному; вот фраза, заканчивающаяся на доминанте, в противоположность другой, завершающейся на тонике. Только то, что отмечено сознательно, можно припомнить впоследствии по собственной воле. Только то, и ничего больше!

1. Занятия

Когда в памяти имеется уже достаточно ясное представление о музыке, можно приступать к тренировке привычек. Но каких? Для выбора предоставляется огромное количество. Сюда же надо отнести и эмоции, которые могут сокрушить и подавить весь оркестр, если их не сдерживать рассудком. Вот что по этому поводу пишет Падеревский: «Мне понадобилось полжизни, чтобы понять, что есть два способа использования фортепиано: один — играть, другой — работать. Если вы пользуетесь только одним, вы никогда и ничего не достигнете... В любом искусстве можно опьянеть от собственных эмоций. Увы, многие зря тратят таким образом время, не достигая никакого результата»[22].

Верно, конечно, что для любого исполнения необходимо чувство. Однако, чтобы заставить чувствовать других, следует позаботиться о формировании и тренировке эмоциональных навыков, сдерживаемых и направляемых здравым смыслом.

Есть два типа учащихся: одни считают, что наслаждаться музыкой — это то же самое, что и выражать ее; другие с таким рвением учат ноты, что не обращают внимания на музыку. Некоторые преподаватели заставляют своих учеников учить новую пьесу «без выражения»; но какова цель таких занятий? Едва ли станет музыкальным исполнитель, который учит немузыкально, если только он вовремя не оставит своих старых привычек. А это не так-то просто сделать!

2. Выразительность и память

Зачем учить громко фразу, которая в итоге должна звучать мягко? Нежная игра — это сложная задача, требующая строгого контроля над двигательными привычками.

Зачем учить мелодию как последовательность «ровных» нот, если в соответствии с намерениями композитора ее следует петь под мягкий аккомпанемент, разнообразя звуковую окраску? Для пианистов это связано с координацией привычек; при этом не исключена возможность, что и одна рука должна давать одновременно различные звуковые краски, требующие различного типа прикосновений. Бесполезно поэтому оставлять тренировку тонких мышечных приспособлений на последнюю неделю перед концертом.

Опять же, если музыка написана квартолями, зачем играть ее триолями? Изменение акцентов помогает, правда, подчинить технические упражнения контролю сознания, но пьесу совершенно необходимо учить в ритме, предусмотренном композитором. Существует даже специальный метод, требующий, чтобы партия правой руки игралась левой рукой и наоборот; но хотя такого рода занятия могут помочь учащемуся обнаружить в музыке новые существенные детали, они совершенно бесполезны на другой стадии работы, которая состоит в тренировке исполнительских навыков.

Не говоря уже о других соображениях, выразительная игра оказывает незаменимую помощь памяти. Лучше всех запоминают слова те актеры, которые сосредоточиваются на их внутреннем смысле, связывая с ним выразительность голоса и жеста; и так как все мы запоминаем то, что затронуло нас эмоционально, — музыканты должны при первом же проигрывании любой пьесы вкладывать чувство в каждую извлекаемую ноту.

3. Упрощения

Приступая к работе, учащийся должен временно взять на себя функции учителя: к своим ученикам (привычкам) он, основываясь на современных методах обучения, обязан подходить с уважением, с учетом их возможностей. Это означает, что обучение необходимо упростить настолько, насколько это позволяют обстоятельства. Действительно, можно сказать, что весь секрет выучивания состоит в способности уделять внимание только одному предмету в каждый данный момент; учащиеся же часто пытаются учить массу вещей одновременно, ежедневно меняя аппликатуру и фразировку до такой степени, что привычки совершенно сбиваются с толку. Удивительно ли, что некоторые не могут запомнить, над чем они работают? Ниже приводится пример отрывка, который мало кто учит правильно, а между тем его исполнение требует комбинирования сложных навыков.

13

Здесь следует подражать дирижеру, который на первых оркестровых репетициях работает только с отдельными группами оркестра. Так, последовательно тренируя привычки, много легче координировать их впоследствии. Вышеприведенный отрывок становится сразу понятным, если партию правой руки сыграть двумя руками (бас можно учить отдельно). Освободившееся внимание уделяется фразировке, *legato*, *staccato*, окраске звука.

14

4. Ударный такт

Такты, так же как и доли такта, не равны по силе, и весьма важно правильно чувствовать музыкальный акцент. Равное ударение на каждой сильной доле, особенно в быстрых пьесах, ломает музыкальный ритм, делая музыку трудной как для запоминания, так и для игры. В примере 13 сильные такты (определяемые гармонией) обозначены двойной линией над нотным станом.

5. Пальцевое legato

В начале работы над произведением всегда рекомендуется партию одной руки поиграть двумя руками, ибо такой метод дает возможность слышать, как должна звучать музыка. Затем возникает вопрос: «Как получить тот же результат при исполнении одной рукой?» Теперь наступает время выбрать аппликатуру, которая будет подчинена музыкальной идее (разделение голосов в примере 14 не может привести к фиксированию неправильных пальцев, так как левая рука в конечном итоге потребуется для другого). Предварительное разделение труда предотвращает появление многих плохих привычек, включая привычку чрезмерного педализирования. В нижеприведенном отрывке красота залигованных нот лучше постигается благодаря разделению голосов, и так как педаль здесь нежелательна — аппликатура должна быть выбрана в соответствии с требуемым *legato*[23].

15

16

Trés calme

К. Дебюсси. Прелюдия. Тетрадь I, № 8

6. Прелесть деталей

Выделяя одну определенную задачу в каждый данный момент, начинаешь яснее видеть назначение многих подробностей, которые до сих пор совсем не привлекали внимания. Как по-новому, например, осмысливается бас благодаря особому вниманию к шестнадцатой в нижеприведенном примере! Заметить такую вещь — значит запомнить ее.

Л. Бетховен. Соната № 12, As-dur, ч. II

17

Andante con moto

7. Повторные впечатления

Сознательный контроль нельзя прекращать слишком рано, и внимание должно снова и снова сосредоточиваться на контурах нашей музыкальной карты, углубляя впечатления, совершенствуя детали, следя за формированием привычек.

Обычно целесообразен самый простой способ решения задачи, но в музыке это не всегда так. Пример 13 (с. 47) проще играть одним штрихом — *staccato* или *legato*, но композитор хочет другого, и пока пальцы не научатся автоматически делать то, что от них требуется, внимание не может быть уделено исполнению.

На первую стадию работы не следует жалеть времени, так как она обеспечивает путь к дальнейшему совершенствованию. Нужно постоянно спрашивать себя: «Достаточно ли глубоко звучат басы? Не преждевременна ли кульминация? Нет ли каких-нибудь важных деталей, которые я проглядел?» Критическое внимание необходимо все время.

Настроение музыки определяет способ ее выражения. Например, если пьеса помечена *tenebroso*, недостаточно еще исполнителю представить себе «мрак». Аудитория должна слышать сумрачный колорит с доминирующим басом. В «Лунной» сонате, чтобы вызвать умиротворенное состояние духа у слушателей, аккомпанемент должен быть приглушенным и ровным, сопровождая мелодию, которая не нарушает плавности движения.

8. Повторения

Принимаясь за пьесу, каждый раз открываешь все новые возможности более совершенной интерпретации, включая тончайшие нюансы. Поистине никогда нельзя сказать, что пьеса «закончена». С расширением кругозора исполнителя расширяются и исполнительские возможности, и поэтому, не говоря уже о других причинах, не рекомендуется работать над одной пьесой слишком много дней подряд. Повторение, если оно планируется недостаточно разумно, может даже помешать воспитанию необходимых и целесообразных привычек.

Нет никакой добродетели в ежедневных восьмичасовых занятиях. Концентрированная умственная работа утомительна. И хотя профессиональному музыканту не всегда удается избежать перенапряжения — никому, как правило, не следует работать больше трех-четырех часов в день. До тех пор, пока учащийся не научится работать правильно, он должен ограничиться одним часом, разделяя его на четыре коротких периода сосредоточенной работы. Для двух- или трехкратного повторения отрывка не требуется много времени, и, если критическое внимание сфокусировано на заранее избранном аспекте музыкальной задачи, мысли не отвлекаются посторонними вещами и работа будет сделана хорошо (см. также правила на с. 63–64).

9. Воображаемые занятия

Для возбуждения любопытства читателей в хорошем романе с продолжением сюжет прерывается на самом интересном месте; прекращая занятия, когда интерес еще не притупился, с бóльшим рвением возвращаешься к работе при первой возможности. Конечно, во время занятий следует до конца использовать творческое состояние, но не менее важно уметь прекратить работу до того, как появятся первые признаки утомления.

Каждый музыкант должен позаботиться о необходимом физическом и умственном отдыхе; время от времени следует менять род деятельности, предоставляя себе один раз в неделю свободный от занятий день. Но подсознательная деятельность никогда не прекращается: развитие мышц продолжается после упражнений, в мозгу во время отдыха идет работа по освоению материала, накопленного в течение занятий. В таинственной деятельности подсознания непостижимым путем закрепляются необходимые ассоциации, и этой важной части процесса творческой работы должно быть предоставлено время.

Какое-то движение имеет место в микро-мышцах гортани даже тогда, когда слова читаются «про себя»; когда в тишине продумывается музыка — нервные пути несомненно передают какие-то впечатления, хотя внешнее движение и подавляется. Не доказывается ли это известными ощущениями в кончиках пальцев[24]?

Концертирующий певец по необходимости много работает беззвучно; инструменталисту также следует почаще продумывать отрывок или всю пьесу, вместо того чтобы проигрывать их. Опытные певцы редко занимаются в полный голос; инструменталисты также должны беречь силы, как-то ограничивая себя. Занятия на уровне «до *forte*», будучи менее утомительны, имеют еще и то преимущество, что лучше мобилизуют слух.

В комнате для занятий не должно быть громко тикающих часов. Для того, кто по-настоящему слушает музыку, невыносим аккомпанемент даже ручных часов.

10. Ошибки

Фальшивую ноту, по ошибке взятую в пассаже, не следует смешивать с неправильным прочтением текста; случайная ошибка и на позднейших стадиях работы значительно менее опасна, чем остановка и нарушение связей, приводящие впоследствии к игре с запинками. В этом случае нужно опять следовать примеру дирижера, который не будет без крайней необходимости останавливать оркестр на последних репетициях. Отмечая про себя отдельные недостатки исполнения, он будет продолжать дирижировать до конца музыкальной части, после чего, обсудив ошибки с оркестрантами, повторит весь отрывок сначала. Лучший метод работы над произведением, которое уже становится знакомым, — учить по музыкальным частям, не разрывая по возможности цепь музыкальной мысли.

11. Изменение привычек

Если та же ошибка повторяется опять — положение более серьезно и твердить злосчастный пассаж снова и снова, надеясь, что он в конце концов получится сам собой, — бесполезно. Вместо этого следует попытаться найти причину каждой такой ошибки, так как привычки, подобно некоторым оркестрантам, проявляют нерадивость, когда за ними не следит дирижер: несмотря на безукоризненную подготовку и тренаж, они могут предпочесть линию наименьшего сопротивления. Необходимость исправления привычки всегда следует обосновывать. Например, если нарушается привычка первоначальной аппликатуры, нужно, чтобы абсолютная необходимость именно этой, задуманной для свободного исполнения данной звуковой последовательности аппликатуры, дошла до сознания. Сознательные ассоциации такого рода способствуют усовершенствованию привычек.

Если же ошибка оказывается действительно заученной ошибкой, нужно, обосновав необходимость перестройки, приступить к перетренировке памяти, чтобы запечатлеть в ней другой, более ясный образ. Если заучена фальшивая нота, нужно запомнить правильную ноту в ее отношении к другим, причем в исправлении первоначального впечатления ценную помощь оказывает гармония. Однако такого рода ошибку устранить трудно. Несмотря на длительную и терпеливую работу по ее исправлению, как память, так и привычки могут вдруг совершенно неожиданно вернуться к старому[25].

Попытка «сломать» привычку может оказаться роковой. «Музыкальные заикания», например, только усугубляются, если сосредоточить на них внимание. Поэтому, если студент имеет тенденцию к скованности, чем меньше он уделяет внимания ей, тем лучше. Нужно помнить, что умственная и мышечная свобода неразделимы. При изменении любой привычки важно привести обоснования для такого изменения, сосредоточиться полностью на новой привычке и безусловно воздерживаться от исполнения, не контролируемого сознанием, до тех пор, пока благодаря тщательной и терпеливой работе эта привычка не станет абсолютно надежной.

Наблюдательность предотвращает появление многих ненужных привычек. Падеревский рассказывал, как он часами упражнялся перед зеркалом, добиваясь безмятежного выражения лица во время исполнения, чего так недоставало другим артистам. Наблюдая и изучая опыт и привычки других, мы можем отвергать или принимать их: сам для себя не всегда оказываешься лучшим судьей.

12. Привычка к оркестру

Среди первоклассных инструменталистов встречаются исполнители, имеющие солидный дирижерский опыт. К сожалению, однако, есть пианисты и певцы, которые вообще редко слушают оркестр (если не считать слушания по радио). В результате они чувствуют себя «не в своей тарелке», когда им приходится выступать с настоящим оркестром, и привычной работе памяти в этих случаях может помешать какая-нибудь неожиданность. Если певец не подготовлен к звучанию струнных инструментов, он может быть выбит из колеи какой-нибудь партией оркестрового аккомпанемента, которой он никогда не замечал в фортепианном варианте. Исполнитель фортепианного концерта, полагаясь на реплику, столь привычную в звучании второго фортепиано, может тщетно прождать ее на эстраде только лишь потому, что с того места, где он сидит, ее не слышно. Поэтому солист, лелеющий надежду когда-либо сыграть с оркестром, должен посещать оркестровые концерты и репетиции; слушая оркестр с партитурой в руках, он познакомится с расположением и звучностью инструментов, а также со многими другими полезными вещами. Этот опыт обеспечит психологическую основу для возможной в будущем работы с оркестром.

Вопросы, которые следует себе задавать

1. Не продолжаю ли я заниматься вопреки усталости?
2. Не занята ли моя голова во время работы посторонними вещами?
3. Не слишком ли много времени я занимаюсь подряд?
4. Нет ли у меня пренебрежительного отношения к непродолжительным занятиям?
5. Составляю ли я хоть какой-нибудь план занятий?
6. Уделяю ли я выразительности такое же внимание, как нотам?
7. Пытаюсь ли я находить оттенки выразительности, не указанные в тексте?
8. Разделяю ли я в процессе работы произведение на фразы или музыкальные части?
9. Не останавливаюсь ли я в середине фразы?
10. Стараюсь ли я найти причину ошибки?
11. Отдыхаю ли я между повторениями?
12. Считаю ли я количество повторений?
13. Интересно ли мне заниматься старой пьесой в такой же мере, как и новой?

ГЛАВА X

ИСПОЛНЕНИЕ ПО ПАМЯТИ

Продолжительность первой стадии работы не может быть одинаковой для всех: каждый должен решить для себя, когда достаточно высокий уровень овладения произведением позволит ему предоставить исполнение подсознанию.

1. Тренировка привычек

В процессе овладения пьесой рекомендуется наряду с продолжающейся аналитической работой проверять состояние и надежность привычек путем проигрывания подряд больших отрывков, а время от времени и всего произведения целиком. Исполнение без нот — последнюю стадию работы — следует безусловно откладывать до того времени, когда привычки твердо овладеют своими ролями.

Ученик цепляется за ноты, так как не знает по-настоящему музыки. Слишком поздно, может быть, перед самым экзаменом, он начинает понимать, что работал «без головы», полагаясь лишь на мускульную память. Естественно, он волнуется; однако, предоставив свободу привычкам, он, возможно, и «выкрутится как-нибудь», оказавшись в более выгодном положении по сравнению с тем, у кого не хватило мужества на подобное раскрепощение.

2. Свобода

Многие никогда, даже играя по нотам, не достигают свободы исполнения: психологическая скованность проявляется в напряжении лица, позы, а также и в качестве звучания. Некоторые считают полезным лишь то, что дается трудом, и с пренебрежением относятся к достигаемому без усилий, но легкость, которая отличает больших мастеров, — результат огромных трудов, многих лет усердной и терпеливой работы.

Мышечная свобода способствует свободе психологической; но во время исполнения абсолютное освобождение, конечно, невозможно, так как это означало бы полный развал техники. (Тот, у кого полностью отдыхает мозг, — спит.) Просто «свобода» является наиболее подходящим словом для того мышечного ощущения, которое служит основой правильного психологического состояния — «внимание минус усилие»; при условии умственной и физической свободы привычки действуют с максимальной надежностью и сноровкой. Если в процессе игры не думаешь ни о нотах, ни о технике, если руки и пальцы действуют автоматически, — исполнение на правильном пути.

Не легко добиться свободы тем, кто никогда не пробовал предоставлять исполнение подсознанию. Но ведь гамму в состоянии играть без нот почти каждый, и ощущение этой «бездумной» игры может быть использовано в качестве основы для работы над исполнением по памяти. Иногда достаточно представить себе фразу, чтобы воспроизвести ее наизусть: самое главное — отвлечь внимание от нот. Одно только освобождение мышц лица уже способствует подсознательной игре, но лучшей проверкой умения играть по памяти является исполнение с закрытыми глазами (или в темноте). При наличии психологической скованности такой опыт не удается.

3. Игра наизусть

Выучить пьесу, только читая ноты и размышляя, сравнительно легко; исполнять ее, не думая вовсе — для многих значительно труднее. В первом случае мы поглощаем музыку, во втором — музыка должна поглотить нас. Настроения, чувства — категории подсознательные, и, чтобы найти средства для их выражения, музыкант должен погрузиться в свой внутренний мир.

Чем же должно быть в это время занято сознание? В музыке происходит слишком многое, и в такой, например, пьесе, как фуга, невозможно следить за каждым голосом с равным вниманием; да это и не нужно. Дирижер смотрит на различных исполнителей по очереди; он слушает всех, но уделяет особое внимание вступлению или специальному музыкальному эффекту. Внимание исполнителя также может с достаточной оперативностью обращаться попеременно к различным аспектам музыки. В данное мгновение оно может быть преимущественно сосредоточено на мелодии, в следующее — на звучании баса или на педали, а вокруг этого перемещающегося фокуса, на периферии сознания, находится вся музыка в целом. Все слушается, хотя чему-то одному в каждый данный момент уделяется преимущественное внимание.

Возбуждение сопровождается повышенной чувствительностью; порой исполнитель может испытывать необычайную ясность мысли и странное чувство отрешенности: сознание стоит как бы в стороне, безучастно наблюдая за происходящим, и временами мелькает мысль: «Да полно, я ли делаю эту музыку?»

4. Нарушение привычек

При чтении с листа невольно приходится думать вперед, но делать это, играя наизусть — величайшая ошибка. Почти у каждого публичного исполнителя временами возникает болезненная тревога, связанная с вопросом: «какая нота, какой отрывок следующий»? Привычки, сбитые с толку сомнением, отказывают, а потрясенный музыкант сетует на отсутствие памяти, в то время как ему недоставало другого — веры.

Теперь можно понять, почему так важно в первую очередь видеть конечную цель (интерпретацию произведения), а затем уже средства ее достижения. Если в начале работы сосредоточить внимание на заучивании просто нот, то память будет цепко держаться за это первое впечатление, но во время исполнения наизусть мысль о реальных нотах обязательно приведет к провалу. Почему — трудно сказать, но это так. Когда исполнитель начинает сомневаться в своей памяти, он должен приказать себе освободиться от внутренней скованности и немедленно переключить внимание на ритм, настроение, любой аспект музыки, лишь бы предотвратить вмешательство сознания.

Но что делать, если связь уже нарушена и логическая нить утеряна? Зубрила, прерванный в своих разглагольствованиях, может начинать только «от печки». Но публике в концерте тяжко слушать, как пианист повторяет, и, может быть, не один раз, начало пьесы, прежде чем доберется до ее конца. Такая опасность исключена для солиста, хорошо освоившего форму произведения. И все же, во всех случаях разумный музыкант обязан уметь начинать не только с части A, но также с части X, Y или Z.

Нередко провалы памяти вызываются тем, что привычкам помешала во время репетиции работа «по кусочкам».

Разделение на музыкальные отрывки, безусловно, разумное на начальном этапе разучивания пьесы, самым пагубным образом сказывается на установившейся в подсознании последовательности с уже утвердившимися и координированными привычками. Работа над отдельными частями в тот период, когда пьеса уже отработана в целом, особенно плохо действует на память обладателей абсолютного слуха.

Записывание разучиваемой музыки, свидетельствующее о знании нотного текста, также мешает нормальной работе памяти. Именно потому, что записывание предполагает слишком активное вмешательство сознания, впоследствии может быть затруднено подсознательное исполнение[26]. Равным образом опасно называние нот в уме. Привлекать внимание к нотам как таковым ни в коем случае не следует, поэтому лучше не заниматься непосредственно перед выступлением — этим можно совершенно погубить то, что уже прекрасно усвоено подсознанием. Требуется, конечно, немалая сила воли, чтобы прекратить работу в такое время, но вера в память полностью оправдает себя.

5. Оживление впечатлений

Как бы хорошо ни была знакома пьеса, время от времени нужно повторять ее, тщательно сверяя с нотным текстом. Это закрепляет зрительные впечатления и, кроме того, предотвращает подсознательное искажение разучиваемой музыки. (Пьеса, исполняемая долгое время только наизусть, имеет, подобно народной песне, тенденцию слегка изменяться.) Просматривая старую пьесу, можно сделать свежие открытия на знакомой странице; вдруг, через многие месяцы, находишь ключ к отрывку, который до сих пор казался непостижимым, и только удивляешься: «как же я не замечал этого раньше?» Время, проведенное за нотами, никогда не расходуется попусту. Развиваясь интеллектуально, мы замечаем важность того, на что не обращали раньше внимания. Пристальное изучение нот старой, знакомой пьесы — самый полезный и обогащающий из всех возможных уроков.

6. Темп и память

Иногда рекомендуется представлять себе медленную пьесу в более быстром темпе, так как это помогает прояснению музыкальных линий. Для игры по памяти медленная, технически более легкая музыка труднее быстрой: ведь она предоставляет сознанию больше времени для вмешательства в подсознательные действия; поэтому и полезно играть ее сначала быстрее, чем задумано автором. Быструю музыку, наоборот, рекомендуется в интересах изучения деталей играть в замедленном темпе.

7. Первое исполнение

Если вы никогда не играли по памяти (или играли очень мало), не начинайте сразу с целой сонаты; значительно лучше начать с маленьких пьес или вариаций. Перед слишком большой задачей интеллектуальный аппетит, способствующий запоминанию, пропадает: духовную пищу также следует предлагать в соблазнительных, легко усваиваемых дозах. Только тогда, когда вы сумеете сыграть на память несколько легких пьес, вы можете считать себя подготовленными к тому, чтобы предпринять большее.

Пьеса готова, когда вы в состоянии бегло сыграть ее наизусть для себя. Но если, впервые исполняя ее для других, вы допустите какие-то ошибки, — не огорчайтесь. Такие ошибки обычно случаются не по причине осечек памяти, а из-за недостатка исполнительского опыта и вследствие волнения перед публикой. Только научившись отдавать внимание музыке, а не тому, что подумают о вашем исполнении слушатели, можно обрести уверенность в игре без нот. Первая стадия работы состоит в том, чтобы заставлять себя делать определенные вещи; последняя — в том, чтобы не мешать этим вещам делаться самим по себе. В этом принципиальном различии вся суть дела.

ИНТЕРЛЮДИЯ «РЕПЕТИЦИЯ»

Действующие лица:

Разум (дирижер)
Памяти
Привычки и Чувства

В студии пианиста

Занавес поднимается. Оркестр. На переднем плане Памяти, за ними бесчисленные Привычки — некоторые из них уже старые и искушенные в музыке, другие совсем молодые и недисциплинированные.

Памяти, четкие по контурам, выпрямляются с выражением задумчивым, но строгим.

Привычки почти лишены всякого выражения, отчего и выглядят глупее, чем они есть на самом деле. Новые Привычки почти не отличимы одна от другой (все одеты в серое), в процессе работы они развиваются и становятся более определенными по очертаниям. Среди Привычек Чувство ритма. Оно обычно находится среди чувств, но сейчас, чтобы не мешать Рубато, выделено вместе со своим пультом. Почерневшее от времени, оно господствует над оркестром.

Чувства описать невозможно, так как они все время меняются. Самые глубокие Чувства не спрятать; сквозь застарелые Привычки они сияют, переливаясь, как движущаяся радуга, по мере развития музыки.

Не считая Ритма, сидящего прямо и неподвижно, весь оркестр ведет себя очень беспокойно. Перед ним, внимательно изучая партитуру, стоит дирижер — Разум. В его руках дирижерская палочка — Внимание. Он поднимает ее, и наступает тишина ожидания. Затем он говорит:

– Доброе утро, джентльмены. Сегодня мы начинаем работу над новой пьесой –

Ропот неодобрения среди Привычек.

– Двадцатым прелюдом Шопена. (*Указывая на ряд пустых пультов на заднем плане.*) Но где Чувства?

Молчание.

– Нам нужно запомнить только 8 тактов, так как последние 4 повторяются.

Памяти явно заинтересованы: они любят короткие пьесы. Мускульная память повелительным взглядом дает команду своим Привычкам приготовиться, но Дирижер делает им замечание.

– Я прошу вас отдохнуть, пока вы не понадобитесь. (*Указывая на Памяти — слуховую и мускульную.*) Вы сделаете большое *crescendo* к четвертому такту.

В этот момент, толпясь, появляются Чувства.

– (*Обращаясь к ним.*) Вы опять опоздали.

Чувства выглядят бледными и изнуренными, самая мысль о часах раздражает их.

– (*К остальным.*) После кульминации большое *diminuendo* до конца. (*Выстукивает дирижерской палочкой длительность первых четырех четвертей.*) Это ритмический рисунок каждого такта — очень легко запомнить. Здесь маленькое *crescendo* также к каждой третьей четверти.

Чувство ритма выглядит удрученным.

– Таким образом, мы имеем здесь пример неправильного деления на такты.

Памяти перемещают всюду тактовые черты к третьей четверти.

– Но из соображений удобства мы будем нумеровать такты, как они стоят в партитуре. (*Оглядывая весь оркестр.*) Итак... все...

Оркестр начинает играть, но из-за ошибки зрительной Памяти некоторые Привычки берут *ми* чистое.

Ф. Шопен. Прелюдия № 20, c-moll

– До минор, пожалуйста. Тональность является наиболее важной ассоциацией. Я хочу, чтобы вы обратили внимание на секвенцию во втором такте. Эта вторая фраза в ля-бемоль мажоре, третья возвращается к до минору, тогда как четвертая модулирует к доминанте. Некоторые дирижеры в третьем такте берут чистое ми, но в собственном издании Шопена второе ми-бемоль.

Зрительная Память оторопела от изумления.

– (*Обращаясь к Ритму.*) Я не просил триоли на третьей четверти. Считайте, пожалуйста.

Ритм, лишенным всякого интереса голосом, считает: раз, два, три...

– (*Обращаясь к пальцевым Привычкам.*) Поменяйтесь местами, пожалуйста.

Посоветовавшись шепотом с мускульной Памятью, несколько Привычек меняют места так, как им кажется более удобным.

– Вот интересный момент: сыграем такт второй... теперь такт восьмой. Они начинаются одинаково, но такт второй остается в ля-бемоле, а такт восьмой возвращается к тонике.

Памяти отмечают это.

– В такте седьмом вы найдете первое обращение тонического аккорда.

Чувства бледнеют.

– Итак, джентльмены (*все выпрямляются*), с начала.

Музыка начинается.

– Мне нужна органная звучность... Я не слышу баса... Бас должен быть более сочным.

Привычки тяжелой руки делают то, что от них требуется, но Привычки педализации совсем запутались.

– (*Закрыв уши руками.*) Эта какофония невыносима. (*К Привычкам педализации.*) Вы должны попрактиковаться во время перерыва, а до тех пор я прошу вас сидеть спокойно. (*К другим.*) Еще раз с начала... громче... громче... (*Обращается к Чувствам.*) Дайте мне все, что можете.

Чувства восторженно пылают.

– Великолепно! Теперь... мягко... мягче... еще мягче... повторение (*глядя в сторону тонких чувств*), точно эхо. (*Молчит. Затем решительно.*) Вернемся к началу!

Входит Привычка рассеянности.
Внезапная сумятица в оркестре.

– Джентльмены!

Памяти нерешительно смотрят на Привычки.

– (*Стуча дирижерской палочкой.*) Еще раз... с начала... стоп! (*К Памятям.*) Мускульная Память забегает вперед. (*К Привычкам.*) Вы ведете себя отвратительно. Привычка педализации, не стучите ногами! Я ничего не слышу! (*К Рассеянности.*) Что, собственно, Вам здесь нужно? Вы давно изгнаны из нашего союза. (*К остальным.*) Джентльмены, я умоляю вас! Сейчас как раз время для работы. (*Оглядывая оркестр с мольбой.*)

Памяти пытаются заинтересоваться, но они явно устали.
Многие из Привычек уже спят.

– (*Отбрасывая палочку.*) Перерыв!

Дирижер покидает эстраду в расстроенных чувствах. Памяти тренируют Привычку педализации на нескольких тактах; затем все отдыхают, а в это время Рассеянность забавляет оркестр бесконечными анекдотами.

Занавес.

Из-за недостатка места здесь невозможно воспроизвести остальную часть этого спектакля, состоящего из тысячи актов. Поэтому для удобства студентов указания Разума в сжатой форме приведены ниже. Следуя этим указаниям, каждый музыкант сможет успешно управлять своим оркестром памятей и привычек, каким бы непослушным он в первое время ни казался.

ГЛАВА XI

ОСНОВНЫЕ ПРАВИЛА

1. Занимайся систематически и всегда в определенное время.

2. Стремись к тому, чтобы первые впечатления были правильными и музыкальными.

3. Когда что-нибудь учишь — сосредоточивай внимание на чем-то одном в каждый данный момент.

4. Учи ноты и аккорды группами. Если не знаешь гармонии — учи аккорды по их структуре, то есть по интервалам, которые они содержат.

5. Выбирай аппликатуру, удобную как для руки, так и для смысла данного отрывка. Эта аппликатура уже не должна меняться.

6. Запоминай выразительность так же тщательно, как и ноты.

7. Сравнивай друг с другом отрывки, в которых есть что-нибудь общее.

8. Учи музыку не такт за тактом, а фразами или более крупными музыкальными кусками.

9. Если допустил ошибку и нужно проиграть снова — не возвращайся к началу пьесы: отправной точкой может служить предыдущая фраза.

10. Практикуй немногие повторения с частыми перерывами.

11. Если пассаж не поддается — отложи его до следующего раза.

12. Следи за точностью, легкость придет сама собой.

13. Когда пьеса становится знакомой, начинай с работы над более трудными местами.

14. Сосредоточивай внимание на отработке только одного аспекта музыки в данное время — окраске звука, *legato*, педализации и т. п.

15. Допустив ошибку, вернись и один раз проиграй медленно неудавшийся отрывок: последнее впечатление, так же как и первое, должно быть точным.

16. В каждой пьесе начинай учить эпизоды в соответствии с заранее подготовленными «заголовками» (см. пар. 15, с. 66).

17. Внутренне освободись и предоставь движения подсознанию.

18. Не пытайся думать вперед. Предоставь самому развитию музыкальных мыслей подсказывать, что будет дальше.

19. Если тебе кажется, что ты сейчас забудешь — переключи внимание на ритм и выразительность.

20. Если ты забыл музыку во время занятий — немедленно посмотри в ноты и постарайся найти причину ошибки (см. правило 15).

21. Если ты забыл во время исполнения и не в состоянии сымпровизировать, не возвращайся назад — продолжай со следующего музыкального заголовка.

22. Когда мысленно повторяешь разучиваемую музыку — слушай звучание, но не называй ноты. Сознательно думай о выразительности, если хочешь добиться в ней хороших результатов.

Правила для повторения

1. Не играй отрывок больше трех раз подряд. Если хочешь — играй его тридцать раз в день, но с интервалами между повторениями.
2. После каждого повторения останавливайся на время, достаточное для вздоха.
3. Так как скорость забывания больше при заучивании нового материала, для начала просматривай его чаще.
4. После нескольких повторений отложи пьесу, удваивая длительность отдыха по мере усвоения музыки.

Примерный план повторений

(*Приспосабливается к длине и трудности изучаемой пьесы*)

Занятия — 3 дня (подряд).
Отдых — 3 дня.
Занятия — 3 дня.
Отдых — 6 дней.
Занятия — 3 дня.
Отдых — 12 дней.

В течение периодов, обозначенных «отдых», следует работать над другими пьесами (желательно, чтобы их было несколько). В конце концов пьесу нужно будет повторять только время от времени (см. пар. 8, с. 50).

ГЛАВА XII

Урок 1. АККОРДЫ

ПЕРВОЕ ЗАНЯТИЕ

Сколь бы ни был подвинут студент,
он должен очень тщательно изучить нижеизложенные правила.

Пример 1 — Ф. Шопен. Прелюдия ор. 28 № 7.

(1) Пронумеруйте такты, начиная с первого полного такта*.

Часть 1: такты 1–8 (первые две четверти). Часть 2: от такта 8 (с третьей четверти) до конца.

(2) Каждая фраза похожа на другую своим ритмическим рисунком.

Запомните его образец, приводимый ниже. Прочитайте пар. 4 (с. 48).

19

(3) Проставьте значок после каждой половинной ноты; пронумеруйте соответственно каждую из восьми фраз.

(4) Внимательно просмотрите и сыграйте каждую фразу, подбирая соответствующую аппликатуру (см. пар. 6, с. 38, а также с. 120–121).

(5) Сравните фразы — первую и пятую; вторую и шестую. В 12-м такте сознательно свяжите *ля-диез* с кульминацией.

(6) Внимательно проиграйте пьесу один-два раза медленно от начала до конца (см. правило 15, с. 63).

---

* Цифры внутри параграфов (за исключением особо оговариваемых случаев) обозначают порядковые номера тактов данной пьесы.

ВТОРОЕ ЗАНЯТИЕ

(7) Повторите выводы первого занятия.

(8) Проиграйте каждую фразу, затем один-два раза всю пьесу; попробуйте проиграть менее осознанно, чем до сих пор. Глядя в ноты, отдавайте, однако, свое внимание главным образом слушанию.

(9) Еще раз продумайте установленные ранее ассоциации, фиксируя детали сначала в левой руке, затем в правой. Очень важно отметить движение баса. (В пьесе, исключая 13 такт, только два басовых звука — *ми* или *ля*.) Никогда не учите отдельные ноты; если все же думать о них необходимо — учите ноты по интервалам (см. правило 4, с. 63).

(10) Дайте своим рукам отдохнуть на коленях; закройте глаза и мысленно проиграйте первую фразу (см. правило 22, с. 64).

(11) Проиграйте первую фразу по памяти на рояле. Вы должны почувствовать, что руки ваши двигаются как бы сами по себе. Чем меньше смотреть на клавиатуру, тем лучше. С закрытыми глазами можно мысленно видеть клавиатуру или ноты, а возможно — и то и другое. Если вы забыли отрывок — значит вы или не знаете его достаточно хорошо, или мешаете своей памяти вторжением сознания. В первом случае необходимо оказать дополнительную помощь привычкам, во втором — повторить пункт (10).

(12) Учите вторую фразу тем же способом, затем сыграйте обе фразы по памяти.

(13) Прибавляйте фразу за фразой, связывая каждую с предыдущим материалом. Правило 9 (с. 63).

(14) Сыграйте всю пьесу по памяти; если необходимо — проиграйте ее один раз по нотам. Правило 15 (с. 63).

15. Заголовки

Наконец, разбейте пьесу на озаглавленные отрывки так, как бы вы это сделали в речи; это будут отправные точки или «станции» на случай аварии. Однако заголовки бесполезны, если вы не можете вспомнить музыку, которая с ними связана. В такой медленной пьесе, как эта, вы можете дать заголовок к началу каждой фразы, но нужно точно фиксировать в памяти все похожие друг на друга отрывки. (Играйте первую фразу, говоря «первый раз», а фразу пятую, говоря «второй раз». Играйте вторую и шестую фразы точно таким же образом). После этого попробуйте начинать отрывки в обратной последовательности заголовков — последний, предпоследний и предпредпоследний.

Отправные точки должны быть установлены в местах, не прерывающих линию музыкального развития.

16. Закрепление в памяти

Как бы пьеса ни была легка, она должна быть проанализирована несколько раз и учить ее нужно с небольшими перерывами снова и снова. Независимо от того, можете ли вы сыграть пьесу после первой проработки, или не можете, — вы должны повторить эту проработку по крайней мере три раза (см. правило 3, с. 64).

Примерный план работы

1. Сознательные занятия с нотами.
2. Подсознательное исполнение по нотам.
3. Оживление сознательных впечатлений по нотам.
4. Подсознательное исполнение наизусть.
5. Расстановка заголовков в пьесе и тренировка умения начинать с различных отправных точек.

В случае трудной пьесы отложите стадию 4 до тех пор, пока не выработается ясное представление о музыке.

17. Часы занятий

Начало всегда утомительно, а потому для работы над новым материалом вполне достаточно 15—20 минут; остальное время можно употребить на занятия другой музыкой.

Рекомендуемое распределение часа занятий

15 минут — запоминание новой пьесы.

15 минут — технические упражнения, интересный материал для которых дают трудные места разучиваемых пьес.

5 минут — отдых.

25 минут — совершенствование старых пьес, в том числе и тех, которые выучены недавно.

Количество часов ежедневных занятий музыкой строго индивидуально; студент, у которого нет других забот, кроме музыки, может, естественно, заниматься довольно долго, не чувствуя усталости. После перерыва в занятиях следует входить в работу постепенно (см. пар. 8, с. 50).

Пример 2 — А. Скрябин. Прелюдия ор. 16 № 3.

(1) Проиграйте мелодию и ознакомьтесь с аппликатурой, предложенной в примере 34 (с. 121). Пьеса построена на основе этой темы; ее интонации можно найти и в аккордовых интерлюдиях. Сравните темы, начинающиеся в 5, 11 и 24 (см. сноску на с. 65).

(2) Сравните партию правой руки в этих отрывках. Постарайтесь исполнить их тонко и выразительно.

(3) Отмечая модуляции, сыграйте остальную часть пьесы следующим образом:

9 (вторая четверть) до 11 (первая четверть). Двумя руками. Сравните с

15 (вторая четверть) до 17 (первая четверть).

17 (вторая четверть) до 18 (третья четверть). Сравните с левой рукой в 5; а также с

20 (вторая четверть) до 21 (третья четверть).

18 (четвертая четверть) до 20 (первая четверть). Сравните с

21 (четвертая четверть) до 24 (первая четверть). Кульминация в 23.

28 (вторая четверть) до 30 (первая четверть). Вздохните перед повторением; вздохните снова и добавьте

32 (вторая четверть) до 33 (первая четверть). Вздохните и добавьте финальные аккорды.

(4) Сыграйте всю пьесу целиком. Она не должна звучать «прямолинейно», метрично, однако, вместе с тем, ни одна четверть не может быть укорочена. Паузы дыхания необходимы после каждой фразировочной лиги.

(5) В дальнейшем следуйте указаниям, приведенным в предыдущем уроке (см. пункт (7)−16, с. 66).

Пример 3 — С. Франк. Хорал из Прелюдии, Хорала и Фуги. (Только для подвинутых пианистов.)

Эта часть пьесы начинается с последнего такта Прелюдии, однако номером 1 обозначьте такт после смены ключевых знаков (см. сноску на с. 65).

(1) 11 (четвертая четверть) до 19 (третья четверть). Пропевая мелодию, обнаружите неправильно расставленные тактовые черты; их много в пьесе. Сначала сыграйте аккорды, выпуская *arpeggiato* и верхние октавные удвоения.

Сравните весь отрывок с эпизодом, начинающимся в 24 и 46; отметьте модуляции. 15 (четвертая четверть) до 19 (третья четверть) повторяется почти в точности в 50 до 54. Этот эпизод не появляется, однако, вновь в 28. Вместо него вы найдете другой эпизод, сходный с 54 (четвертая четверть).

(2) 1–11. Проиграйте только бас и мелодию; в первых четырех тактах ударение падает на третью четверть. Хотя там и одна длинная линия, разделите ее следующим образом:

1–5 (вторая четверть). Обратите внимание на секвенцию.

5 (третья четверть) до 8 (первая четверть). Секвенция в левой руке.

(3) 1–11. Проиграйте очень медленно так, как написано, приспосабливая аппликатуру для *legat*'ного исполнения. Педаль при этом не должна замазывать проходящие ноты.

(4) 19 (четвертая четверть) до 24 (третья четверть). Занимайтесь так, как указано в пунктах (2) и (3).

(5) 32 (четвертая четверть) до 46 (третья четверть). Занимайтесь так, как указано в пункте (2), затем разделите следующим образом:

32 (четвертая четверть) до 36 (третья четверть). Отметьте секвенцию.

36 (четвертая четверть) до 40 (третья четверть). Обратите внимание на секвенцию и повторение.

40 (четвертая четверть) до 43 (первая четверть). Повторение в басу.

43 (вторая четверть) до 46 (третья четверть).

Занимайтесь всем отрывком, как указано в пункте (3).

(6) Эта пьеса звучит наиболее выразительно, когда бас движется строго в ритме, исключая специально обозначенные места. Хотя в мелодии может ощущаться легкое *rubato*, триоли, однако, должны звучать как триоли. Каждый раз изменяйте окраску звучания. Верхние

ноты в арпеджио необходимо исполнять мягче, чем нижние октавы. В дальнейших занятиях тщательно следуйте инструкциям, данным в параграфах (7)−16 (с. 66).

Ответы на вопросы

1. *Можно ли запомнить музыку, не зная гармонии?*

— Да; но гармония дает так много для понимания музыкальных связей, что, не зная ее, студент попадает в крайне затруднительное положение. С точки зрения выучивания, однако, знать названия аккордов менее важно, нежели понимать их смысл.

2. *Говорят, что «целостный» метод заучивания стихов более продуктивен. Следует ли когда-нибудь учить пьесу, повторяя ее без перерыва от начала до конца?*

— В каждой пьесе есть более трудные эпизоды, требующие дополнительных повторений. Кроме того, ни один исполнитель не будет чувствовать себя достаточно уверенно, если он не может начать играть пьесу с любого места (см. пар. 15, с. 66).

3. *Следует ли легкую пьесу прочитать целиком, перед тем как приступать к ее анализу?*

— Каждую пьесу лучше сначала рассматривать по небольшим отрезкам: тот, кто хорошо читает с листа, ничего не пропустит незамеченным; тот, кто читает с листа медленно, — поймет музыку благодаря этому упрощению более ясно.

4. *Я могу слышать музыку, глядя в ноты, и потому всегда учу пьесы без инструмента. Можно ли продолжать так работать?*

— Конечно, при том, однако, условии, что вы потом в достаточной степени тренируете мускульные привычки.

5. *Нужно ли запоминать отдельно партию левой руки?*

— Это полезно во многих случаях, особенно тогда, когда мелодию ведет бас, или басовая партия вообще трудна (см., однако, пар. 2, с. 83).

6. *Как скоро надо начинать играть по памяти?*

— Это зависит от пьесы, а также от качества вашей памяти. Пользуясь указанным методом, вы можете играть по памяти на первом же занятии, непосредственно после требуемого анализа; но тот, кто этим злоупотребляет, может поддаться искушению уделять слишком много внимания самим нотам и слишком мало — выразительности.

7. *Я знаю первый урок превосходно и все же не могу сыграть его гладко в чьем-нибудь присутствии. Что мне делать?*

— Пройдите всю пьесу такт за тактом в присутствии товарища. Обсудите с ним какой-нибудь отрывок и затем сыграйте его наизусть, уменьшив таким образом продолжительность испытания памяти. Обсуждая музыку, вы почувствуете себя увереннее. Наконец, отдохните и попытайтесь сыграть всю пьесу наизусть.

8. *Я разделил на части всю пьесу в соответствии с вашими указаниями, но я не могу начинать с полуфразы. Имеет ли это значение?*

— Безусловно, нет. Разве легче запомнить роль Гамлета, если попытаться начинать с середины слова или фразы?

9. *Как мне поступать со старой пьесой, выученной по своему собственному методу?*

— Если вы чувствуете себя уверенно — не терзайте ее на части, но продумайте отправные точки (см. пар. 15, с. 66). Если какой-нибудь кусок вам не вполне ясен, — тщательно анализируйте его три дня подряд.

10. *Я хороший импровизатор. Не будет ли это обстоятельство мешать моей памяти?*

— Нет, при условии, если вы анализируете разучиваемое произведение. Умение импровизировать обеспечивает чувство уверенности при исполнении по памяти, так как, поскользнувшись, вы всегда сможете заполнить брешь в музыке.

11. *Не должен ли я перестать играть с листа, пока не научусь играть наизусть?*

— Занимайтесь чтением с листа сколько угодно, но не играйте поверхностно те пьесы, которые вы впоследствии намереваетесь играть наизусть.

12. *Я не могу заниматься каждый день. Имеет ли это значение?*

— Нет, если вы занимаетесь правильно. Те, кто занимаются ежедневно, возможно, сделают меньше, чем другие, работающие нерегулярно, но с бóльшим рвением.

13. *У меня нет возможности заниматься днем, а вечером я чувствую себя утомленным. Следует ли мне совсем отказаться от работы над новыми произведениями?*

— Конечно, нет. Но никогда не начинайте работать, не отдохнув предварительно хотя бы немного; затем принимайтесь за наиболее трудные части пьесы.

14. *Я обнаружил, что лучше всего работать ночью. Должен ли я заставлять себя заниматься утром?*

— Выбирайте время, которое вам удобно. Большинство людей предпочитает для продуктивной умственной работы утренние часы, а для упражнений — более поздние, в течение дня.

15. *В результате недавно перенесенной болезни моя память стала ненадежной. Нужно ли мне пытаться учить новые вещи?*

— Нет, если в этом нет острой необходимости. Память улучшается вместе с укрепляющимся здоровьем.

ГЛАВА XIII

Урок 2. РАЗЛОЖЕННЫЕ АККОРДЫ

ПЕРВОЕ ЗАНЯТИЕ

Пример 1 — И. С. Бах. Прелюдия, т. 1, № 1 из 48 Прелюдий и фуг.

(1) Разучивая отрывок или пьесу, составленную из разложенных аккордов, лучше всего сначала играть все ноты каждого аккорда вместе. В этой пьесе нужно запомнить в каждом такте только один аккорд.

21

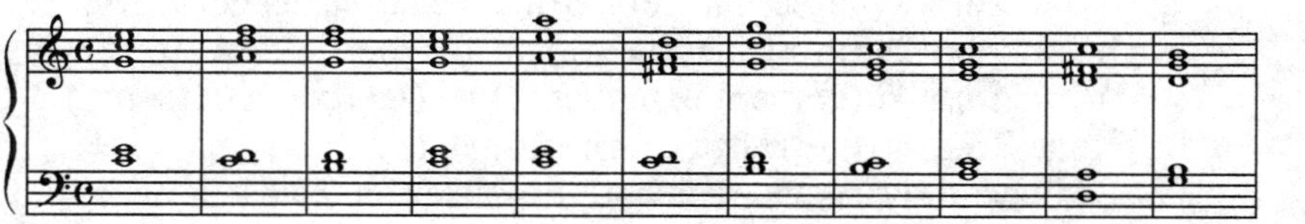

(2) Прочитайте пар. 6 (с. 57). Играя аккорды в неразложенном виде, вы поймете форму пьесы, которую можно разделить на две части:

такты 1—19
такты 20—35

(3) Играя один аккорд в каждом такте, разделите пьесу следующим образом:

1—4. Правила 4 и 5 (с. 63).
5—11. Модуляция к доминанте. Обратите внимание на секвенцию.
12—13. Обратите внимание на модуляцию и сравните с 14—15.
16—19. Сравните с 8—11.

(4) После 20 бас движется по направлению к органному пункту на доминанте в 24*. Отсюда начинается единая линия, но вы можете представлять ее и более мелкими частями:

24—27.
28—31.

* В некоторых изданиях после 22 такта вставлен дополнительный такт с басом *соль*. Этот такт здесь не включен: бас 23 такта — *ля-бемоль*.

32—35. Органный пункт на тонике.

(5) Проиграйте всю пьесу целиком так, как она написана.

ВТОРОЕ ЗАНЯТИЕ

(6) Повторите все, что делали на первом занятии.

(7) Продолжая играть собранными аккордами, повторите каждую часть и наконец всю пьесу по памяти (см. пункт (11), с. 66), а также правило 9. В дальнейшем всегда играйте пьесу так, как она написана. Прочитайте пар. 15 (с. 66).

Пример 2 — Л. Бетховен. Первая часть «Лунной» сонаты ор. 27 № 2.

(1) Наметьте вчерне форму пьесы:

Интродукция

$А_1$. Такт 5 (четвертая четверть) до 28 (первая четверть).

Б. Такт 28 (вторая четверть) до 42 (третья четверть).

$А_2$. Такт 42 (четвертая четверть) до 60 (третья четверть).

Кода. Такт 60 (четвертая четверть) до 69.

(2) Выпуская музыкальный фон, играйте только бас и мелодию. Прочитайте пар. 6 (с. 38). Отмечая модуляции, разделите пьесу следующим образом:

1 до 5 (третья четверть).

5 (четвертая четверть) до 10 (третья четверть).

10 (четвертая четверть) до 15 (третья четверть). Сравните с предыдущей фразой.

(3) 15 (четвертая четверть) до 19 (2 четверти). Новая музыкальная мысль, дважды повторяющаяся.

19 (третья четверть) до 23 (третья четверть).

23 (четвертая четверть) до 28 (первая четверть).

(4) 28 (вторая четверть) до 42 (третья четверть). Продолжайте играть только бас и мелодию. Обратите внимание на доминантный органный пункт.

(5) 42 (четвертая четверть) до 46 (третья четверть). Повторение фразы, начинающейся в 5 такте; но обратите внимание на то, что фраза из 10 такта дальше не следует.

(6) 46 (четвертая четверть) до 51 (третья четверть). Сравните с фразой, начинающейся в 23 такте.

51 (четвертая четверть) до 55 (2 четверти). Сравните с фразой, начинающейся в 15 такте.

55 (третья четверть) до 60 (третья четверть).
60 (четвертая четверть) до конца.
(7) Проиграйте всю пьесу, собирая фигурацию в аккорды.

22

(8) Разложенные аккорды учите по группам из трех или четырех нот. Установите аппликатуру, не считаясь с черными клавишами. 32 и 62 такты легче всего учить следующим образом:

23

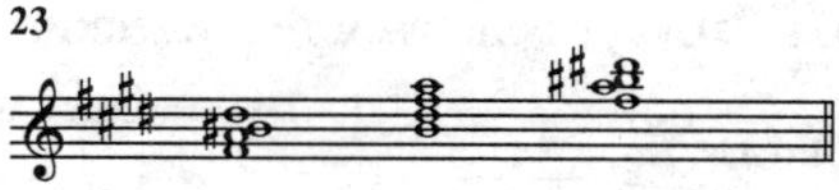

24

(9) Проработав всю пьесу от начала до конца указанным способом, проиграйте ее один раз в точности как написано. Правило 15 (с. 63).

(10) Главная трудность состоит в ровности триольного фона (см. пар. 7, с. 49, а также пример 7, с. 41). Учите пьесу по музыкально осмысленным кускам — как коротким, так и длинным, уделяя главное внимание ровности и мягкому звучанию триолей. Начиная с 32 такта, подходите к кульминации без ускорения темпа.

ТРЕТЬЕ ЗАНЯТИЕ

(11) Учите фразу за фразой, как на первом занятии, собирая ноты каждой четверти в аккорд. После этого можно играть таким же способом каждую фразу по памяти, связывая ее с предыдущим материалом. Правило 9. Внимательно прочитайте параграфы (7)–16 (с. 66). В дальнейшем играйте пьесу так, как она написана.

ГЛАВА XIV

Урок 3. ЗНАЧЕНИЕ ДЕТАЛЕЙ В МУЗЫКЕ

1. Что такое деталь?

В некоторых произведениях трудно за деревьями увидеть лес, и потому в таких случаях следует начинать с выключения всего того, что может помешать постигнуть существо дела. Каждый движущийся голос, очевидно, заключает в себе больше смысла, чем статичный; эпизод в 9 такте последней части бетховенской «Лунной» сонаты приводится здесь с пропущенным верхним голосом. Тема должна быть усвоена до того, как будут решаться технические задачи.

Л. Бетховен. Соната № 14, cis-moll, ч. III

25

(См. также пример 12, с. 42).

2. Ритм и украшения

Орнаментику лучше опускать до тех пор, пока ноты, которые она украшает, не будут на своих местах. Трель, например, никогда не должна нарушать ритма, и в нижеследующем примере трели намеренно выпущены. Сравните с оригиналом (Ноктюрн № 5).

Ф. Шопен. Ноктюрн op. 15 № 2, Fis-dur

26

После того, как студент прочувствует мелодическую линию, он уже не задаст вопрос: «Сколько нот должно быть включено в трель?» Это решает только ритм.

3. Звенья

Набросав музыкальный контур пассажа, проиграйте его очень медленно, уделяя главное внимание структуре. Почти всегда имеется звено (или звенья), которые нужно запомнить, и первый такт пассажа (приведенного выше) можно учить следующим образом:

a) хроматические сексты с соответствующей аппликатурой;

b) хроматическая гамма;

c) ноты, опевающие *ми-диез*;

d) мелодический ход, связывающий со следующим тактом. В четвертом такте (см. *e*) нужно запомнить только две группы нот; выбирая аппликатуру, проиграйте каждую группу, как в уроке 2.

4. Первые впечатления

Учащийся может сказать: «Если первое впечатление так важно, — не заучу ли я пьесу неправильно, оставляя в стороне некоторые ее подробности?» Вряд ли, так как, замечая деталь, вы знаете, что она существует. Во всяком случае, рекомендуемая процедура надежнее той, которой пользуется большинство учащихся, работающих над пьесой с таким расчетом, что рано или поздно все станет на свои места. А между тем музыка может подвергнуться искажениям: сопровождение порой выдвигается на передний план, в области интерпретации вырабатываются вредные привычки, которые потом трудно переделать. Временное опускание второстепенных деталей рекомендуется просто как предварительный этап работы, на котором ученик, прежде чем позволить своим пальцам играть, спрашивает себя: «А что же все-таки должны делать мои пальцы?» Разделение партий, описанное на с. 48, очень поможет в работе над детализированием произведения, так как оно проясняет, где бас, где мелодия, а где просто украшения.

5. Быстрая музыка

Чем быстрее пьеса, тем важнее правильное акцентирование тактов. Скерцо Шопена *b-moll*, например, в высшей степени трудно играть, если акценты неправильные; но, когда акценты согласованы с музыкой (в данном случае такты попеременно сильные и слабые), играть пьесу становится сравнительно легко (см. пар. 4, с. 48).

Несмотря на то, что быстрые пьесы в техническом отношении более трудны, их значительно легче исполнять по памяти, чем медленные: движения настолько прочно ассоциируются, что мышечная память может выучить пьесу даже без помощи слуховой. Но исполнитель, пользующийся этим методом, в глубине души чувствует, что подготовлен только наполовину. Для того, чтобы ощущать уверенность в любой пьесе, нужно прежде всего понимать, что происходит в музыке. Поэтому даже подвинутый студент должен на первом уроке анализировать быструю музыку с такой же тщательностью, как и медленную, тогда на последующих занятиях он в какой-то мере сможет уже обходиться без детального анализа. Действительно, когда находишься на заключительной стадии работы, перед исполнением наизусть, нет необходимости анализировать все досконально (как это иногда необходимо делать в очень медленной музыке); многое можно предоставить слуховому и мускульному запоминанию. Обычно в конце достаточно учить сознательно только оставшиеся непроясненными элементы музыкальной ткани, такие, как движение баса.

6. Заголовки

Все музыканты-профессионалы при исполнении быстрой музыки в значительной степени полагаются на мускульную память. Поскольку без особой необходимости прерывать последовательность движения, от которой эта память зависит, не рекомендуется, то в быстрых произведениях следует пользоваться значительно меньшим числом заголовков, чем в произведениях очень медленных. Опасность забывания быстрой музыки значительно меньше, поэтому нужно и меньшее количество отправных точек.

Выводы

1. Сознательный анализ (очень подробный) с нотами.
2. Подсознательное исполнение по нотам.
3. Сознательный анализ (менее подробный) с нотами.
4. Подсознательное исполнение по памяти.

7. Полиритмия

Две восьмые в одном голосе против трех в другом можно учить, пользуясь счетом «раз, два-и-три»;

 звучит так же, как

Но в более сложных полиритмических комбинациях счет по голосам невозможен, и бесполезно согласовывать партии друг с другом, поскольку в этих случаях они становятся независимыми. Единственный способ играть такую музыку артистично состоит в том, чтобы начать двумя руками вместе и затем предоставить свободу каждой руке идти своим путем вплоть до совпадения рук в нужной точке. В этих случаях целесообразно учить каждую партию отдельно; тогда исполнитель, научившийся освобождаться от скованности, не будет испытывать особых затруднений, хотя, разумеется, какое-то количество упражнений ему все же необходимо для того, чтобы запомнить ощущение независимого голосоведения. Нет нужды лишний раз повторять, что следить за двумя (или более) сочетающимися партиями с равным вниманием невозможно: та или другая должна быть в значительной степени доверена тактильной и мышечной памяти.

8. Выработка туше

Как бы сознательно и медленно ни училась быстрая музыка, никогда не следует упражняться в ней на тяжеловесном звучании, так как это вырабатывает вредные технические навыки. Пассаж, играемый медленно, ощущается совсем иначе, чем тот же самый пассаж, играемый быстро; и ограничиваться одним лишь представлением нельзя: в конце концов приходится исполнять его в настоящем темпе, доверяясь в какой-то мере мускульным ощущениям. При исполнении каждого пассажа нужна определенная «сноровка»; эта сноровка приобретается упражнениями и запоминается в расчете на будущее исполнение. Иногда даже следует работать над пассажем, как бы скользя по поверхности клавиш (беззвучно): это поможет студенту запомнить ощущение легкой, почти невесомой руки.

Пример — И. С. Бах. Прелюдия, т. I, № 3.

(1) При усвоении ритмического рисунка пьеса оказывается менее трудной, чем это представляется с первого взгляда. Проиграйте пассаж в 6 такте связным *legato*, мысленно группируя ноты в соответствии с пунктирными линиями (варианты указываются).

27

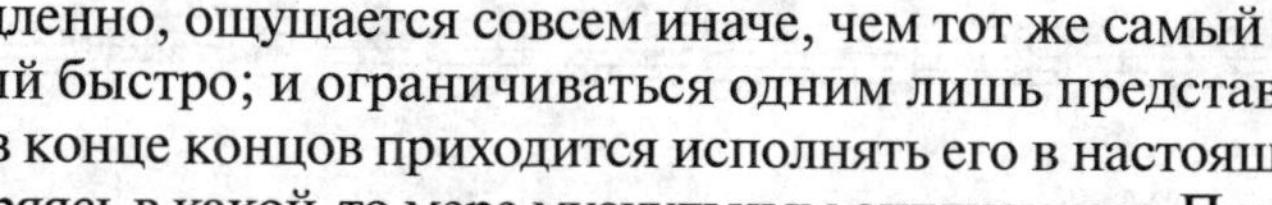

(См. пункт 8, с. 81, а также пар. 4, с. 48).

В этой пьесе вплоть до финальной каденции такты попеременно то сильные, то слабые.

(2) Проиграйте аналогичные отрывки, начиная с тактов:

(Правая рука) 22.	(Левая рука) 14.
35.	30.
43.	39.
	52.

Мысленно группируйте эти схожие рисунки, обращая внимание на секвенции и выбирая удобную аппликатуру для каждой группы, в зависимости от предшествующего и последующего материала. Группа в 14, например, должна быть крепко спаяна как с концом 13, так и с началом 17.

(3) Четверти не должны разъединяться, если это не обозначено (см. пример 12, с. 42).

(4) Отдельно правой и отдельно левой рукой проиграйте от 25 до 47. Мысленно свяжите каждую залигованную ноту с последующей нотой.

(5) Разложенные аккорды 1—5, 9—13 и т. д. можно учить в соответствии с уроком 2; так же учите такты от 63 и далее.

(6) Обращая внимание на модуляции, разделите пьесу следующим образом:

- 1—9 (первая нота).
- 9—17 (первая нота). Сравните с предыдущей группой. Так как одна группа кончается там, где начинается следующая, можете играть каждую группу с сильной доли.
- 17—25 (первая нота). Сравните с первой группой.
- 25—35 (первая нота). Сравните с 9—17. Изменение в 32 такте весьма существенно.
- 35—39 (первая нота). Сравните с предыдущей группой.
- 39—43 (первая нота). Сравните с предыдущей группой.
- 43—47 (первая нота).
- 47—55 (первая нота). То же, что в 9—17, но в тональности фа-диез мажор.

55–63 (первая нота). Сравните с первой группой.

63–75 (первая нота). Проиграйте один аккорд в каждом такте. Зафиксируйте вниманием органный пункт на доминанте.

75–87 (первая нота). Обратите внимание на секвенцию.

87–97 (первая нота). Играйте один аккорд в каждом такте. Обратите внимание на доминантный органный пункт.

97 — до конца. Доминантный бас продолжается.

(7) Так как партии по своему значению равны, каждой из них можно заниматься отдельно. Внимательно прочитайте пар. 2 (с. 83).

(8) Для достижения ритмической устойчивости полезно на ранней стадии работы слегка задерживаться на первой ноте каждого такта, не нарушая, однако, музыкальной линии. Это обеспечивает также совпадение партий обеих рук на сильной доле.

ГЛАВА XV

Урок 4. ПОЛИФОНИЧЕСКАЯ МУЗЫКА

Музыка, состоящая из двух или более движущихся голосов, труднее для запоминания, поэтому тем, кто мало играл по памяти, можно рекомендовать не приниматься без соответствующей подготовки за выучивание фуги. Поработав над некоторыми пьесами более ранних этапов обучения, учащийся должен сперва запомнить какие-нибудь простенькие пьески Баха, за которыми могут последовать наиболее легкие, из двухголосных инвенций.

1. Трудности голосоведения

В пар. 7 (с. 78) было установлено, что при достаточной технической сноровке одновременное исполнение независимых партий не представляет особых трудностей; но в полифонической музыке партии взаимозависимы, и потому внимание, казалось бы, должно разделяться. В действительности же внимание быстро переключается от одной партии к другой, отмечая вступление голосов и дифференцируя их звучность. Для такого рода исполнения требуется глубокое постижение произведения, а также умение переключать внимание от партии к партии, не мешая при этом техническим навыкам. Очень немногие музыканты с легкостью запоминают наизусть полифоническую музыку; однако задача запоминания несколько облегчается, если отложить ее решение до того времени, когда исполнитель представит себе, что он собирается делать с музыкальными линиями, и когда привычки выразительности сформируются для полусознательного исполнения.

Пианистам полезно напоминать себе, что партии полифонической музыки — это «голоса». Однако при игре на фортепиано нота не может долго «петь» без достаточной исходной глубины звучания, поэтому мелодические ноты требуют полноты тона в соответствии с их длительностью. В примере 27 (с. 79) залигованные ноты подчеркнуты и потому требуют большего звука, чем другие.

Ниже приводится другой пример, подтверждающий необходимость изменения глубины звучания в соответствии с длительностью играемых нот. Диссонирующие задержания теряют свой смысл, если их связь с последующими нотами не слышна.

29 **Lento moderato** **И.С. Бах. ХТК, т. I. Прелюдия B-dur**

Примеров из произведений Баха было уже приведено достаточно; достаточно часто также подчеркивалась важность правильного ритмического и музыкального представления. Поэтому здесь можно лишь напомнить учащемуся о необходимости мысленной группировки и продумывания каждой линии в процессе работы над произведением. Впоследствии менее значительные элементы музыкальной ткани могут быть доверены навыкам выразительности.

2. Методика работы

(1) Выделите каждый голос отдельно; пропойте его, разделяя на фразы, и наметьте окраску звучания (выразительность). Не следует слишком долго разучивать произведение по голосам: поступая так, а тем более заучивая отдельные голоса наизусть, вы, скорее всего, будете вынуждены их переучивать в процессе координирования игровых навыков. После предварительной работы над отдельными голосами, рекомендованной в пар. 3 (с. 47), важно придерживаться той же аппликатуры, которой пьеса будет исполняться в законченном виде.

(2) Соедините все голоса вместе, временно сосредоточиваясь на аппликатуре.

(3) Проиграйте в очень медленном темпе всю пьесу целиком, уделяя главное внимание басовому голосу, но одновременно мысленно следите за всеми остальными. Проиграйте пьесу снова, на этот раз следя за теноровым голосом; и второй раз, если он переплетается с противосложением. (Одни и те же музыкальные мысли должны фразироваться одинаково, в каких бы голосах они ни появлялись.)

(4) Решите для себя вопрос о соотношении голосов и установите соответствующую окраску звучания. (Там, где органист изменил бы регистр, пианист должен менять характер туше.) Уделите также должное внимание таким существенным моментам, как вступление голосов.

(5) В каждой пьесе рекомендуется проставить несколько отправных точек, однако музыкальная мысль при этом не должна прерываться. Например, если фраза кончается на сильной доле, то заголовок необходимо установить после этой сильной доли, а не на ней.

3. Исполнение по памяти

Не пытайтесь откладывать ноты, пока не почувствуете, что музыка усвоена не только пальцами, но и головой. Однако даже и в этом случае в интересах гарантированного успеха обычно рекомендуется продолжать занятия на уровне сознания, так как в каждой пьесе всегда найдутся места, более трудные для запоминания. В особо сложных эпизодах полезно анализировать каждую четверть по вертикалям, увязывая другие ноты изучаемого отрывка с этими «скелетами» аккордов. Прочитайте правило 20 (с. 64). После дополнительной проработки любого отрывка необходимо связывать его с предшествующим и последующим материалом; ни один отрывок не следует надолго вырывать из контекста.

4. Обратно к сознанию

Тот, кто не может отличить гармонической ноты от проходящей, не сможет отделить главного от второстепенного. Отсюда становится понятным значение, которое приобретает для учащегося знание гармонии. В недостаточно осознанной, не до конца продуманной фуге многое будет упущено; тогда как понимающие музыканты находят наслаждение в тех прекрасных творческих замыслах, которые едва ли будут замечены непосвященными. Имитации, обращения, стретты — вот те элементы, которые могут сделать работу над музыкальным произведением захватывающе интересной. Достойная оценка их значительно облегчает выучивание не только полифонической музыки, но и музыки любого другого типа.

Пример 1 — И. С. Бах. Двухголосная инвенция фа мажор, № 8.

(1) Первая часть этой пьесы представляет собой канон — один голос следует за другим, повторяя буквально то же самое. До 8 такта

левая рука (с запозданием на один такт) имитирует правую, затем точная имитация прекращается.

С 12 такта левая рука начинает основную тему, затем ее перехватывает правая, но с 15 такта в правой руке появляется новая фигура, и с этого момента канон уже несовершенный. Однако можно заметить, что и в дальнейшем голоса имитируют друг друга во многих местах пьесы. Партия правой руки в тактах 13—15 повторяется в левой руке (соль минор) в тактах 17—19; в нисходящей секвенции, начинающейся в такте 21 (левая рука), вы найдете намек на первую тему, а 29—34 является не чем иным, как транспозицией 7—12.

(2) Играйте одну правую руку следующим образом:
1—3 (первая нота).
3 (вторая нота) до 7 (первая нота).
7 (вторая нота) до 12.

(3) Играйте партию левой руки до 12.

(4) Играйте одну левую руку следующим образом:
12—17 (первая нота).
17 (вторая нота) до 24 (первая нота).
24 (вторая нота) до 30 (первая нота).
30 (вторая нота) до 34.

(5) 13—34. Так же, по кусочкам, учите правую руку.

(6) Учите отдельно каждой рукой от начала до конца, устанавливая аппликатуру в соответствии с фразировкой. Прочитайте пар. 2 (с. 83).

(7) Играя очень медленно, соедините оба голоса вместе. Прочитайте пункт (8) (с. 81).

(8) Пьесы такого рода не следует учить по маленьким кусочкам, так как окончание музыкальной мысли в одном голосе редко совпадает с окончанием в другом. Музыкальная отправная точка может быть установлена в 12 (вступление левой руки), а если необходимы еще и другие — проставьте одну в 16 (вторая восьмая) и еще одну после первой ноты в 26.

(9) Во вступительной части этой главы вы найдете инструкции для последующих занятий.

Пример 2 — И. С. Бах. Фуга, т. I, № 3 из 48 Прелюдий и фуг.

(1) Отметьте карандашом вступление темы в тактах 1, 3, 5, 10, 14, 26, 42, 44, 46, 52; ее интонации вы найдете в тактах 23, 24, 35 и т. д.

Фигурация такта 4 часто появляется в пьесе, иногда она дается в обращенном виде, как в тактах 7 и 31.

(2) Учите каждое проведение по очереди, отмечая модуляции и элементы фразировки (см. пар. 2, с. 46).

(3) Обладающие острой слуховой памятью могут одновременно играть один голос и петь противосложение. Для других более подходит метод, рекомендованный в пар. 3 (с. 47).

(4) При желании можно начертить следующим образом план фуги: на страницах нотной бумаги размером в ваш печатный экземпляр нанесите тактовые линии в соответствии с оригиналом и в тех же самых местах. Ноты не пишите, а просто набросайте чертеж фуги на нотном стане, отметив места вступлений темы и части, в которых она появляется; отметьте также изменения тональности, кульминацию и т. д. Прочитайте пар. 2 (с. 83).

(5) После предварительных занятий играйте все голоса вместе, выбирая аппликатуру раз и навсегда.

(6) Изучаемые отрывки не должны быть слишком короткими. В 14 такте можно сделать паузу (только не на проходящей ноте). Другой разрыв может быть сделан в 22 такте после кадансового аккорда на третьей четверти. Смещение тактовых черт подтверждается тем, что, начиная с этого места и далее до 42 такта, вступления темы тактированы иначе, чем в экспозиции. Пианист, трактующий среднюю часть фуги в соответствии с данными тактовыми чертами, впоследствии будет, по всей вероятности, иметь затруднения в исполнении ее по памяти. Таким образом мы вновь, как и на первом уроке, видим, что присутствие разума весьма существенно на начальных стадиях работы над произведениями любого жанра, включая и фугу.

ДОПОЛНИТЕЛЬНЫЕ СОВЕТЫ

1. Музыка различных видов

Пьеса, как правило, содержит больше чем один вид музыки, и все приведенные рекомендации применимы к различным частям или отрывкам любой пьесы в соответствии с их типом. Например, третью часть бетховенской сонаты ор. 31 № 3 можно сначала учить, как рекомендуется в пар. 3 (с. 47).

30

Эту часть, включая Трио, можно запоминать в соответствии с уроком 1; разложенные аккорды учить, как в уроке 2.

2. Сонаты и пьесы крупной формы

Один только вид длинной пьесы может отпугнуть учащегося, однако задача порой выглядит более страшной, чем это есть на самом деле. Обычная методика работы сводится к следующему: начинают с самого начала и выучивают страницу или две в один присест. Такой порядок приводит к ненужной переоценке начала, которое и без того легко запомнить, так как новый материал всегда приковывает внимание. Конец также запоминается относительно легко, потому что вся работа уже почти готова. В произведениях любой длины наиболее утомительна работа над серединой (как послеобеденный труд рабочего на заводе); учащемуся кажется, что предстоит еще так много сделать. Ум по природе своей ленив, и потому нужно так повернуть поставленную музыкальную задачу, чтобы она не казалась ни докучной, ни слишком трудной. Ниже приводятся советы, специально относящиеся к разучиванию длинных пьес:

(1) предварительный обзор музыкального развития от начала до конца пьесы;

(2) детальное изучение и сопоставление всех похожих друг на друга отрывков, после чего можно время от времени работать над пьесой целиком;

(3) специальная работа над трудными местами.

В этих советах сочетаются «целостный» и «кусковой» методы выучивания; следуя им, анализируя и сопоставляя основной тематический материал и связующие «мостики», синтезируя и обобщая, учащиеся быстро сформируют в своем сознании целостный образ пьесы. Разработка никогда не откладывается «на потом»; при первом же просмотре в ней надо выявить основные темы, измененные и замаскированные композиторским замыслом, проходящие порой через перипетии различных тональностей. Конечно, много легче вообще не размышлять, не переворачивать назад нотные страницы, сравнивая репризу с экспозицией, а коду с разработкой. Но запоминание — это осмысливание, и ни один хороший музыкант не может обойтись без этого. Учащийся также не останется невознагражденным: длинная пьеса будет казаться менее длинной, а час занятий — слишком коротким для открытия всех тех интересных вещей, которые сокрыты в каждой хорошо написанной классической или современной сонате.

3. Планирование занятий

Студент может сказать: «Если я должен для запоминания пьесы заниматься каждый раз только по двадцать минут, то как же я буду впоследствии учить всю сонату?» Учить немногое глубоко — лучше, чем учить многое поверхностно; и для окончательного запоминания, непосредственно предшествующего игре наизусть, работа может быть распланирована примерно так:

3 дня — запоминание материала главной партии.

3 дня — запоминание материала побочной партии.

3 дня — запоминание связующих элементов.

3 дня — специальное изучение разработки.

После первых минут напряженной сосредоточенной работы исполнитель может просмотреть ранее выученный материал, играя (или мысленно представляя) пьесу от начала до конца. Однако нужно отдавать себе отчет в том, что хорошо выученные отрывки после небольшого отдыха начинают выходить еще лучше (см. с. 64). Если заменить беспорядочные занятия разумно планируемой работой, то достаточно длинную часть сонаты можно играть по памяти уже через две недели (а возможно и раньше), при условии, что вся предварительная работа была добросовестной и творческой.

4. Организация работы

Автору часто задают вопрос: «Сколько пьес я должен запоминать сразу?» Выше говорилось, что работа становится благодарной, разнообразной и интересной, когда занимаешься многими пьесами. По-видимому, не имеет значения, сколько именно пьес находится в работе, а всякая работа, претендующая на то, чтобы называться работой, является, конечно, работой памяти. По мнению автора, наиболее удовлетворительные результаты получаются, однако, в тех случаях, когда точно установлено, какие из пьес, находящихся в работе, должны быть в конце концов запомнены и включены в исполнительский репертуар. Тогда начало каждого дня занятий должно отдаваться именно этим пьесам до тех пор, пока студент не почувствует уверенности в их исполнении. Успех увеличивает скорость выучивания, и тот, кто может уверенно и убедительно играть наизусть лишь несколько пьес, сделает в будущем бóльшие успехи, нежели тот, кто исполняет много пьес, не испытывая чувства уверенности ни в одной из них. Если же выясняется, что выбранная пьеса еще не готова для исполнения по памяти, нужно ее на какое-то время либо совсем отложить, либо передвинуть работу над ней на более поздние часы занятий, а первое место в таком случае отвести другой пьесе. Внимание наиболее остро в начале занятий: первые пятнадцать минут драгоценны — они должны быть использованы с максимальной эффективностью.

ГЛАВА XVI

Урок 5. СОВРЕМЕННАЯ МУЗЫКА

Казалось бы, современную музыку легче запомнить, чем классическую: во-первых, она труднее в прочтении; во-вторых, потому, что внимание мобилизуется непривычными диссонансами. Но многие, наоборот, жалуются, что им труднее дается запоминание современной музыки. Чем же это объясняется? Чтобы надежно запомнить любую музыку, нужно понимать и любить ее; работа над ней должна доставлять удовольствие. Но всегда ли даже искушенные музыканты изучают современную музыку столь же тщательно, сколь и классическую? Некоторые, по-видимому, удовлетворяются тем, что просто играют написанные автором ноты. В результате получается музыкальная картина, изуродованная по форме и грубая по краскам, одинаково не доставляющая удовлетворения ни исполнителю, ни слушателю. Существует, к несчастию, мнение, что музыка говорит сама за себя. Ничего подобного! Она говорит языком интерпретатора. Бах, так же как лучшая современная музыка, может звучать бессмысленно, если исполнитель не понимает того, что он играет.

1. Виды современной музыки

Музыка бывает разная, и так как каждый музыкант имеет естественную склонность к произведениям определенного рода, он должен при выборе концертного репертуара ограничивать себя пьесами, соответствующими его темпераменту; именно такие пьесы он выучит с наибольшей легкостью и будет лучше всего играть. В равной мере это относится также к современной музыке, в которой можно найти как атональности для любителей ультрамодного, так и прекрасные мелодии, удовлетворяющие самый романтический вкус.

Современная музыка делится на два главных вида: на произведения, ясные по форме, и на такие, форма которых представляется расплывчатой. Но даже обходясь без тактовых черт, композитор не может обойтись без акцентов; он не может не уложить музыку в какую-то форму, и если эта форма интересна, то и содержание может оказаться соответствующим. В рамках этой формы можно найти музыкальные идеи и их разработку, которая даже в большей степени, чем сами идеи, обнаруживает одаренность композитора. Однако некоторые современные произведения написаны просто плохо, их музыкальные идеи следуют друг за другом вне логической связи; такого рода музыку так же трудно запомнить, как плохо написанный диалог. Но когда музыка хороша, мысли развиваются с логической неизбежностью. Такое произведение можно учить так же, как классическое, — по сознательно устанавливаемым ассоциациям.

2. Музыкальный язык

Язык Бетховена так нам знаком, что стал уже как бы нашим собственным. Но нельзя отвергать новые средства изложения музыкальной мысли только на том основании, что они не понятны с первого взгляда. Поступая так, мы лишаем себя большого пласта музыки не только интересной, но просто прекрасной с точки зрения тех, кто уже приучил себя к неожиданным звучаниям. Терпеливо изучая произведение нового композитора, находишь, что он часто пользуется поразному одними и теми же средствами, одними и теми же аккордами, и каждая последующая пьеса становится легче по мере усвоения стиля данного композитора.

3. Пример современной музыки

Студенту следует иметь в виду, что в современной музыке его ожидает много трудностей, включая вводящие в заблуждение знаки выразительности и тактовые черты. На нотном стане, черном от значков, не всегда легко проследить мысль композитора. Разве на месте тактовые черты в нижеследующем примере? Ясно, что черта должна стоять перед третьей четвертью второго такта — интонационной точкой, к которой стремится фраза.

31 Allegro energico С. Прокофьев. Марш ор. 3 № 3

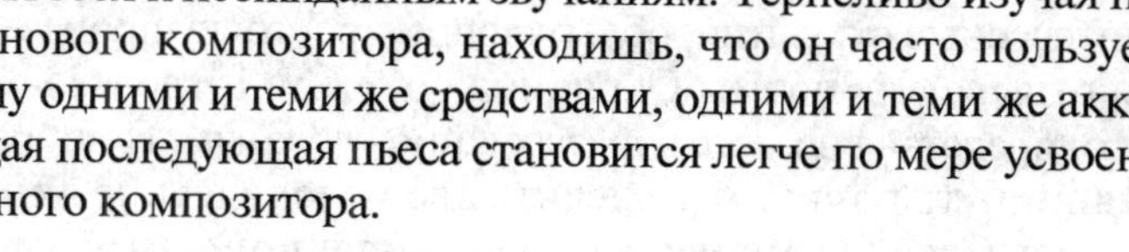

После этого бас запоминается с легкостью, так как сразу видно, что он опускается по полутонам, а в дисканте мы находим секвенцию, которая всегда помогает запоминанию. Можно ли найти какую-нибудь связь между аккордами? В первых пяти акцентированных аккордах мы опять видим хроматическую последовательность, к которой можно примыслить аккорды, образующие префиксы.

Во втором такте вдруг появляется увеличенное трезвучие, которое так приятно удивляет, что невольно запоминаешь его. И так во всей пьесе, ясной и классически трехголосной по изложению.

4. Классические средства

Во всех современных музыкальных произведениях используются приемы и средства композиторов прошлого, включая имитации и секвенции, которые нужно сознательно искать в тексте пьесы, чтобы облегчить усвоение и запоминание материала. Попутно мы делаем другие интересные открытия, облегчающие трактовку произведения. Возьмем отрывок из поэмы Скрябина ор. 32 № 1, где в 25-м такте есть место, представляющееся чрезвычайно сложным. Постарайтесь, однако, вникнуть в текст и разделить две мелодические линии сопровождения. Сравнив это место с первыми тактами, вы увидите, что вся кажущаяся сложность состоит в переходе наверх той самой мелодии, которая раньше была внизу.

Если кто-нибудь сомневается в том, что огромное количество современной литературы глубоко уходит своими корнями в классическую музыку, пусть потрудится сравнить два отрывка, приведенные в этой книге: пример 29 (с. 83) и пример 16 (с. 49). Трудно поверить, что один из них написан Бахом, а другой Дебюсси — настолько они похожи друг на друга. Соответственно, они требуют и одинаковых средств — того же самого *legato* с осторожным прикосновением, той же самой красоты выразительности. Здесь сказать больше нечего[27]. Единственный способ правильно учить музыку — старую или новую — это любить ее и думать о ней.

5. Проблемы музыкального развития

Вмешательство разума может устранить много технических трудностей и упростить выучивание музыки. Но учащийся должен быть подготовлен и к другим проблемам, которые будут возникать в процессе его музыкального развития. Прогресс не бывает непрерывным: после периода бурного роста наступает период, когда явное продвижение сильно замедляется или даже вовсе приостанавливается. Однако именно в это время внутренне переосмысливается материал, координируются и совершенствуются привычки, подготавливается основа перехода на более высокий уровень развития.

Серьезные студенты должны также понимать, что если существует какой-то естественный «потолок» для ученика, то для интерпретатора его не существует: чем крупнее артист, тем дальше он должен идти. Нужно ли студенту ставить перед собой такие сложные задачи до того, как он стал артистом? Я надеюсь, что прочитав эти главы, студент, преодолевая трудности музыкальной нотации, вводящей порой в заблуждение, сможет испытать радость артиста, проникающего сквозь знакомые символы в непостижимый дух, таинственный и многоликий. Музыка звучит бессмысленно, банально или восторженно в зависимости от того, кто ее интерпретирует. Это — последнее, чему учат музыканта; возможно, это должно быть самым первым.

ГЛАВА XVII

УЧИТЕЛЬ

Очень важен урок с педагогом, но еще важнее время, проведенное учеником с музыкой наедине. Но из-за неразумно организованных занятий даже взрослые часто тратят время впустую; едва ли поэтому справедливо ожидать от детей инстинктивного умения работать самостоятельно. Совет и помощь в этой области полезны учащимся любого возраста. Для педагогики будущего проблема рациональных занятий станет проблемой номер один[28]. Уже при современных школьных программах, перегруженных материалом, все насущнее становится необходимость найти такие методы работы, которые обеспечивали бы хорошие результаты при минимальных затратах времени. К счастью, короткие периоды музыкальных занятий могут быть очень плодотворны.

При сравнении успеваемости учеников двух школ, из которых в одной музыке уделялось время наравне с другими предметами, а в другой — большее, первая дала лучшие результаты. Для тех, кто располагал всего десятью минутами в день, вопрос, что можно сделать за такое короткое время, оказался сам по себе стимулирующим.

1. Музыкальные инструменты

Каждый учащийся лучше запоминает то, что доставляет ему удовольствие. Но разве можно получать удовольствие от занятий на тех фортепиано, которыми сейчас располагают школы? Плохие фортепиано не только способствуют рассеянности во время занятий, но также мешают объективно правильной оценке музыки. Долг педагога — убедить родителей и директоров предоставить школам инструменты в полном смысле этого слова музыкальные. При этом надо отдавать предпочтение роялю с полной клавиатурой, так как, если ученик привык во время занятий к усеченной клавиатуре, на концерте или на экзамене зрительная память может оказаться дезорганизованной.

2. Занятия

Некоторые родители считают, что количество работы важнее ее качества. В недавнем прошлом так считали и некоторые учителя, и это роковое обстоятельство отчасти являлось причиной того, что многие потенциальные музыканты, приведенные в уныние скукой так называемых «занятий», совсем бросали музыку, о чем впоследствии горько сожалели. Учителям следует быть в контакте с родителями, нуждающимися порой в указаниях относительно домашних занятий их детей.

За домашней работой начинающих лучше всего наблюдать тому, кто присутствовал на уроке. Если это по какой-либо причине невозможно, учителя должны запрещать самостоятельную работу до тех пор, пока ребенок не научится работать правильно. Для всех юных учеников были бы чрезвычайно полезны показательные уроки домашней работы, проведенные в классах, укомплектованных в соответствии с возрастом и развитием. Дети легко усваивают любую идею, которая апеллирует к их воображению или эгоизму. Правильно организованные занятия, экономящие время, особенно понравятся современным детям, у которых всегда так много всяких дел.

3. Беседы о памяти

Автор опытным путем обнаружил, что беседы о памяти могут оказаться интересными и поучительными даже для маленьких детей. Чтобы показать, сколь разные чувства может вызвать различная интерпретация одного и того же музыкального отрывка, можно воспользоваться двумя неодинаковыми по качеству фотографиями, полученными с одного негатива, — иллюстрация, подчеркивающая важность точного запоминания. Легко объяснить полезность интереса и сосредоточенности для запоминания ученику, собирающему марки. Ребенок сразу поймет, что он запоминает свои марки — их цвет, форму и рисунок — только потому, что подробно изучает их. Сравнение марок друг с другом еще более способствует закреплению их в памяти, и чем чаще рассматривается и изучается марка, тем более ярким и четким становится ее отпечаток в мозгу.

Любой нормальный ребенок может научиться отличать сознательные действия от действий привычных, исполняемых без размышления. Однако следует отдавать себе отчет в том, что каждое игровое движение (даже подсознательное) есть результат распоряжений, исходящих от мозга. Следует обосновывать выучивание наизусть, причем с помощью наглядных примеров учащийся может лучше уяснить важность выбора того или иного метода работы над произведением.

(1) Цепь музыкальных мыслей, разорванная неуместной остановкой.

(2) Узлы в сознании, вызванные «заиканием» — лишним (обычно непроизвольным) повторением нот.

(3) Неразорванная цепь музыкальной мысли, образующаяся при игре без прерываний.

Так как большинство юных учеников-музыкантов стремится бегать, еще не научившись ходить, — их следует убеждать в том выигрыше, который обеспечивается медленными упражнениями на начальных этапах работы. Если каждое рекомендуемое правило подкреплять весомым обоснованием, дети со значительно большей готовностью пойдут навстречу требованиям своих учителей.

Ум маленького ребенка менее инициативен, чем ум взрослого, и начинающего ученика не следует перегружать слишком большими порциями анализа. Однако даже самых маленьких надо научить обращать внимание на такие существенные в музыке вещи, как форма, изменение тональности, интервалы, совершенные и несовершенные кадансы, сильные и слабые окончания. Все это (включая важность выразительности) можно с успехом пройти на групповых занятиях даже частному педагогу, который таким образом будет избавлен от необходимости повторять одно и то же каждому ученику.

4. Новая пьеса

Даже подвинутый ученик без предварительной помощи педагога может прочитать новую пьесу неправильно; но до того, как возможные ошибки закрепятся в его памяти, учитель обязан вместе с учеником пройти новый материал. На этом предварительном занятии могут быть урегулированы ритмические трудности, добавлены или изменены знаки выразительности и выбрана удобная аппликатура. Конечно, при решении всех этих вопросов ученик должен иметь право голоса, но он также должен пообещать не делать попыток исполнять пьесу целиком до тех пор, пока отдельные части не будут выучены правильно и музыкально. Учитель должен иметь в виду, что способному ученику, занимающемуся музыкой профессионально, в юности сравнительно легко преодолевать трудности; для других, менее одаренных, те же трудности могут оказаться непреодолимыми. Долг учителя ставить перед учеником каждый раз одну конкретную задачу, заставляя его мысль работать в определенном направлении. Но думать — это как раз и есть то самое, чего средний ученик не хочет делать. Даже взрослые редко учат нижеприводимый отрывок так, как нужно:

32 Lento Ф. Шопен. Ноктюрн ор.15 № 3, g-moll

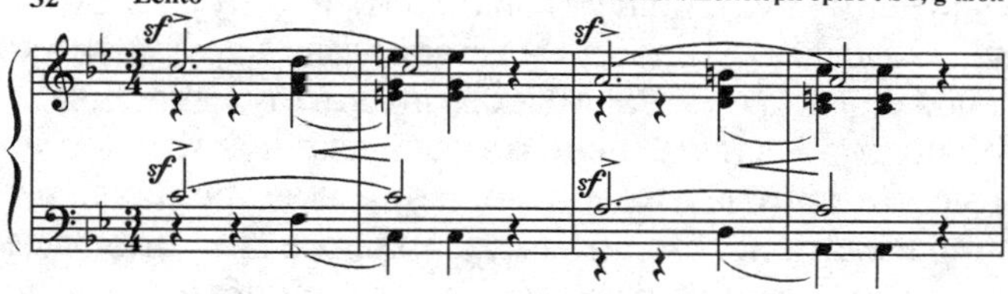

В таком виде партии выглядят перепутанными; переложенные для дуэта, они сразу становятся понятными.

Когда технические трудности устранены, ученик может все внимание уделить звучанию октав, которые в оркестре могли бы исполняться трубами. Аккорды, «говорящие» о чем-то другом, могут быть отданы струнным; эти партии и на рояле должны отличаться по звучанию. Затем учитель и ученик меняются местами (последний играет аккорды). После того, как достигнут и прослушан музыкальный эффект, нетрудно выбрать аппликатуру, которая дает возможность выдерживать длинные ноты, не нарушая при этом указанного *legato*. Кому бы пришло в голову «перепедализировать» этот отрывок, в котором длинные ноты должны быть услышаны словно «просвечивающими» сквозь аккорды? Любой отрывок, если смысл его ясно понят, легче как для запоминания, так и для исполнения (см. также пар. 3, с. 47).

5. Запоминание мелодии

В том случае, когда ученик с трудом вспоминает мелодию, следует развивать не только память на высоту (путем сольфеджирования и с помощью движения рук), но и отдельно ритмическую память как таковую. Таким раздельным способом легче овладеть трудностями, и когда ученик сможет легко вспоминать порознь высоту и ритмический рисунок, — он подготовлен к решению задачи двойной трудности: запоминанию высоты и ритма в их соотношении. Для тренировки точности зрительной памяти необходимы музыкальные диктанты, в результате которых ни один учащийся уже не допустит ошибки в случайном знаке возле ноты, тогда как ученик, прекрасно читающий с листа, может совершить такую ошибку, поскольку он не позаботился о внимательном изучении нотного текста.

6. Вкус и ассоциации

Движения руки и сольфеджио являются неоценимыми помощниками памяти, так как они связывают высоту и ритм с физическими действиями; но ненужные ассоциации, как далеко идущая мнемоника, нежелательны. Связывание стиха с нотами может, конечно, помочь начинающему понять фразировку, но ассоциирование нелепых слов с благородной музыкой (как иногда поступают, разучивая Баха) следует безусловно отвергать. Каждый мыслит музыку по-своему; и какие бы ассоциации ни были у педагога связаны с данной пьесой, ученикам должна быть предоставлена свобода создавать в соответствии с их темпераментом свои собственные ассоциации. Некоторым свойственно связывать музыку с цветом (способность, называемая «хромоэстезия»), другие представляют себе музыку неким узором. Но для того, чтобы оценить или запомнить музыку, нет необходимости связывать с ней рассказ или картину. Форма, однако, является неотъемлемым атрибутом музыки, и тот ученик, который пытается набросать на бумаге линии, изображающие его представления о музыкальных фразах, будет с большей легкостью их запоминать и интерпретировать.

Некоторые современные композиторы, по-видимому, считают, что музыка, чтобы понравиться ребенку, должна быть веселой, а ноты — украшены картинками и стишками. Но не у всех детей одинаковый вкус. Многие предпочитают грустную музыку (подобно автору этой книги, который очень не любил тональность соль мажор); другим нравятся пьесы простые и «взрослые» на вид. Выбор музыки нужно предоставить ребенку: независимо от возраста все лучше играют и запоминают музыку, которая им нравится.

7. По памяти

Когда ученик знает пьесу, он склонен смотреть мимо нот. На этой стадии маленькие дети могут обычно играть наизусть вполне надежно: если их не сбивают с толку другие, они инстинктивно доверяют своей памяти. Старшие ученики, более застенчивые, требуют большей поддержки сознания. Каждый нормальный ребенок в четырнадцать лет (а может быть и моложе) может учить пьесы совершенно так, как указано в главах XI–XVI. Все ученики, как бы они ни были юны, должны учить музыку, начиная с заранее подготовленных «заголовков». Детям нравится идея музыкальных «станций», и в любом месте, где музыка начинает разветвляться, могут быть полезны «пересадки».

Воспитание привычки играть перед другими является, конечно, совершенной необходимостью. Если даже учитель предпочитает давать уроки дома, а не в классе (как многие большие мастера), он никогда не должен пренебрегать домашними концертами, регулярными выступлениями перед товарищами-учениками для проверки исполнительских возможностей. Это должно войти в систему работы тех педагогов, которые хотят, чтобы их ученики были по достоинству оценены публикой.

8. Игры, развивающие память

В наши дни молодых начинающих художников учат видеть и запоминать. Почему бы в этом не упражняться и учащимся-музыкантам? Здесь можно воспользоваться упражнением в форме игры, которая соединит в себе развлечение с прямой выгодой.

(1) Ребенку дается ограниченное время (скажем, три минуты), чтобы посмотреть на определенное число предметов, собранных вместе;

затем он составляет список всего, что запомнил. Для этого вида упражнений можно использовать каждую свободную минуту — возможно, даже перед витриной магазина. Однако не следует предлагать глазу слишком много вещей: в музее, например, достаточно одной витрины.

(2) (Игра для двух и более участников.) Разбросайте колоду карт лицом вниз; при этом карты не должны перекрываться или ложиться в каком-либо заранее установленном порядке. Первый участник открывает одну карту, на которую смотрят оба играющих, затем кладет ее в то же точно положение, в котором она была раньше, лицом вниз. Второй участник поворачивает другую карту (по своему выбору) и после того, как на нее посмотрят оба участника, также кладет на свое место. Смысл этой игры состоит в запоминании карт и их месторасположения. Если любым из участников может быть составлена пара (два короля, например), он поднимает соответствующую карту (если точно помнит, где она лежит) и откладывает парные карты в сторону. Тогда он имеет право взять другую новую карту и, если карты выпали, составить вторую пару, затем третью и т. д. Когда вся колода вышла, выиграл тот участник, который набрал большее число пар. При этом должна соблюдаться полнейшая тишина. Эта игра, требующая интенсивной сосредоточенности, доставляет удовольствие даже маленьким детям.

В обеих этих играх как карты, так и предметы лучше всего запоминаются по их отношению к другим, и, мысленно проглядывая карты (или предметы) несколько раз, ребенок легче запомнит их. Таким образом, эти игры не только мобилизуют внимание, но также учат ценить ассоциации и повторения. Ни одна игра не должна повторяться много раз подряд без отдыха: из ряда игр первая оставляет такое яркое впечатление, что зрительная память не сразу переключается на другое распределение карт или предметов. Подобные игры, помимо всего прочего, могут помочь молодым людям усвоить один из важнейших принципов в заучивании любого материала, включая музыку, — принципа значимости первых ярких впечатлений, составленных при концентрированном внимании.

ГЛАВА XVIII

ОРГАНИСТ

Органы, как правило, нестандартны, и трудности, связанные с игрой наизусть, для органистов особенно значительны. Инструменты крайне разнообразны по регистрам, по количеству клавиатур, по размерам и упругости педалей. Они разнятся также отдачей, а это означает, что «пальцы органиста могут оказаться впереди той музыки», которую он слышит. В довершение трудностей исполнитель может располагать только крайне ограниченным временем для освоения нового инструмента.

Опытный органист, однако, — музыкант искушенный, научившийся в силу необходимости импровизировать; именно благодаря практическому знанию гармонии его память в состоянии приспосабливаться к любым неожиданностям. Несмотря на все трудности, которые могли бы показаться некоторым пианистам непреодолимыми, органисты преодолевают их, играя по памяти больше, чем прежде.

1. Преимущества свободы

Многие церковные органисты считают большим преимуществом умение играть наизусть определенные части службы. Однако это доступно всем, кто неделю за неделей имеет дело с одним и тем же инструментом. Необходимость смотреть в ноты мешает любому органисту: ведь нужно учитывать регистры, а также переворачивать страницы в удобных местах. На незнакомом инструменте преимущества игры на память еще более очевидны. Во время исполнения с хором или оркестром органист должен обязательно следить за дирижером, и концертант, который может исполнить без нот хотя бы только первую пьесу своего репертуара, получает тем самым возможность познакомиться с новым для него органом. Хотя время, необходимое для запоминания всего репертуара, могут найти лишь немногие органисты, у каждого должно быть в репертуаре по крайней мере несколько выученных наизусть пьес. Что касается реакции публики, то психологический эффект игры по памяти уже рассматривался выше.

2. Упражнения на фортепиано

Поскольку игра на фортепиано требует пальцевой беглости и точности — хорошему пианисту проще овладеть органным туше. Когда пальцевая техника станет второй натурой органиста, его внимание может освободиться для выражения музыки средствами регистровки, а также неуловимого *rubato*, которое, управляемое чувством и вкусом, образует «стиль».

Следует ли студентам запоминать органную музыку на фортепиано? Нет, если отсутствует необходимая педаль. Когда исполнитель, руководствуясь ошибочным методом, выучивает музыку сначала по двум нотным станам и лишь потом добавляет педаль, ему приходится в процессе координирования навыков заново переучивать всю пьесу. Конечно, любую музыку рекомендуется учить по деталям; можно совершенствовать и навыки педалирования, уделяя им временно основное внимание. Но ведь цель исполнения — «мыслить» одновременно и ногами и руками, следовательно, и упражнять их надо совместно, чтобы необходимая координация вошла в подсознание.

3. Полезные навыки

Студентам, работающим дома, будут полезны следующие советы.

(1) На передней доске фортепиано можно поместить белые бумажки в тех местах, где на органе размещены клапаны. К этим фальшивым клапанам надо прикасаться, когда они требуются в органном исполнении.

(2) Карты стопоров могут быть нарисованы на бумаге и повешены рядом с фортепиано. Затем в каждой пьесе следует точно установить места, где руки должны оставлять клавиатуру. Для того, чтобы добиться полусознательного пользования регистрами, можно упражняться на немых регистрах, прикасаясь также в соответствующих местах к фальшивым стопорам.

(3) К расположению педалей следует привыкать, пользуясь тактильной и мускульной памятью. Например, если среднее *ми-бемоль* ощущается сбоку каждой ноги, оно может быть использовано как отправная педаль для других педалей в данной области.

(4) Интервалы могут связываться (вначале сознательно) с определенными движениями. В арпеджио, например, пересечение ног у щиколоток будет приблизительно соответствовать терции, а пересечение у икр — кварте. У пианистов те или иные интервалы также ас-

социируются с определенными мышечными ощущениями, которые могут отрабатываться и без фортепиано; подобно пианисту, искусный органист может со временем с успехом упражняться в педальных движениях без органа.

(5) Все эпизоды, требующие включения регистров, должны играться по памяти.

(6) Все пассажи, которые попадают на неудобные «перевороты», нужно запомнить наизусть, — тогда страницу можно перевернуть заранее или отложить это до более удобного места.

(7) К изменению аппликатуры следует прибегать только в случаях крайней необходимости.

(8) Перед исполнением органист должен решить, где он может дать отдых своим ногам.

Советы (5)–(8) помогут каждому, кто должен исполнять на незнакомом органе: ведь цель занятий состоит в том, чтобы сформировать устойчивые навыки, которые без необходимости не должны разрушаться даже при изменившейся обстановке.

4. Умственный взор

Кто привык постоянно играть по нотам, — в такой степени полагается на зрение, что ему начинает казаться, будто он не в состоянии играть наизусть. Действительно, можно проиграть пьесу по нотам сто раз и все же не знать ее по-настоящему. Тот, кто играет по нотам или хорошо читает с листа, совсем не обязательно должен постичь пьесу более глубоко в отношении деталей. Дело все в том, что истинной проверкой знания произведения является его исполнение наизусть. Поэтому, чем больше думаешь во время изучения, тем меньше придется думать во время исполнения; чем больше видишь в нотах во время занятий, тем меньше в итоге нуждаешься в том, чтобы смотреть в них.

ГЛАВА XIX

ИСПОЛНИТЕЛЬ КОНЦЕРТА

Концерт — это сотрудничество, поэтому учить сольную партию, не зная партии оркестра, в высшей степени нерационально. Наоборот, солист должен работать так, чтобы оркестровая партия на первых порах представлялась ему даже более важной, чем его собственная. Начинать можно по-разному:

(1) студент-пианист должен сам играть оркестровую партию, в то время как сольная исполняется его товарищем на другом фортепиано;

(2) музыканту другой специальности следует слушать произведение в граммофонной записи, глядя в ноты;

(3) если пластинку достать невозможно, следует попросить кого-нибудь исполнять на рояле оркестровую партию и вместе с ним играть небольшие отрывки из своей, хотя бы основные темы. Этим методом может пользоваться каждый исполнитель. Если таким образом пройти произведение несколько раз еще до начала работы над деталями, то оркестровая партия запомнится, как фон для всей последующей работы.

1. Солист в роли дирижера

Очень важно иметь в своем распоряжении оркестровую партитуру и по ней на своем экземпляре солиста обозначить названия инструментов у всех важных вступлений фортепиано. Такая партитура более удобна, чем полная, которая перегружена ненужными значками, обременяющими зрительную память. Каждый исполнитель концерта должен знать вступления оркестровых инструментов так же хорошо, как и дирижер; в противном случае его может обескуражить какая-либо партия, к которой он не подготовлен. Пианисты, например, находясь на эстраде в соседстве с первой скрипкой, будут слышать ее партию значительно лучше, чем многие другие.

Пройдя все произведение таким образом несколько раз (играя только те сольные отрывки, которые можно правильно прочитать с листа), следует приступать к работе над отдельными небольшими частями, но все еще с помощью другого пианиста, выполняющего функцию оркестра. Теперь нужно учить очень медленно и точно, хотя украшения и каденции лучше опускать.

Затем приходит время, когда следует заниматься одному, отрабатывая аппликатуру в трудных местах. Однако во время этих занятий также очень важно петь или «примысливать» партию оркестра, создающую единую музыкальную ткань с партией солиста. Следующий этап — работа над концертом в медленном темпе (с пианистом, заменяющим оркестр), но уже с деталями, которые раньше опускались. После этого исполнитель один может заниматься своей партией столько, сколько ему нужно, при условии, что он продолжает увязывать главные оркестровые темы со своими собственными.

2. Реплики

Необходимо, разумеется, знать оркестровые проигрыши. Обычно предполагается, что дирижер дает солисту его главные реплики, но исполнитель должен уметь обходиться и без такой помощи. Если тутти длинное, можно отсчитывать такты, как это делают оркестранты. Например, в трехдольном ритме удобно считать: 1 2 3, 2 2 3, 3 2 3, 4 2 3 и т. д., но после многократного прослушивания необходимость в этом отпадает. Чтобы избежать формирования ненужных привычек, тутти лучше продумывать про себя, не играя.

Когда произведение уже в основном выучено, его можно исполнять вместе с оркестровой грамзаписью: это облегчит задачу согласования темпа с темпом оркестра. По всему тексту концерта необходимо заранее продумать отправные точки или заголовки и, репетируя с грамзаписью или с пианистом, солист должен время от времени прекращать исполнение с тем, чтобы научиться «подключаться» к оркестру в различных местах.

Наиболее опасными в смысле волнения и неуверенности на эстраде являются обычно сольные вступления после оркестрового тутти. В эти моменты, чувствуя себя вдруг предметом всеобщего внимания, ощущая устремленные на него взоры слушателей, концертант может попасть в трудное положение, если он недостаточно твердо и уверенно знает свою партию. Поэтому в работе над концертом следует уделять особое внимание и дополнительное время сольным местам и в особенности тем из них, которые следуют за оркестровой кульминацией. Новичок должен быть также подготовлен к тому, что некоторые эпизоды, возможно, придется играть, не слыша себя, полагаясь исключительно на тактильные и мышечные ощущения; в противном случае звук может быть сфорсирован и памяти помешает мышечное напряжение.

3. Дружеская репетиция

Знаменитости обычно располагают бо́льшим временем для репетиций, новички же должны довольствоваться «прогоном». Но именно потому, что дорога каждая минута оркестровой репетиции, дирижеры, как правило, уделяют солисту какое-то время еще до первой встречи с оркестром. Невозможно переоценить значение такой, совместно с дирижером, проработки концерта. На досуге можно спокойно обсудить многие исполнительские проблемы, включая темп. После такого собеседования благоразумный исполнитель не позволит себе существенных отклонений, импонируя тем самым вкусу дирижера, который, в свою очередь, с большей готовностью будет помогать ему. Многое на концерте зависит от такого творческого контакта между солистом и дирижером.

На репетицию с оркестром нужно взять с собой ноты, но к их помощи следует прибегать только в моменты вступлений. В день концерта солист во время репетиции должен беречь себя, играть спокойно, без излишнего волнения; отдавая слишком много на репетиции, он может оказаться не в состоянии дать максимум на концерте. Как бы часто дирижер ни останавливал оркестр, солист должен оставаться невозмутимым, повторяя про себя: «Это не концерт, это только подготовка к нему». И, если он сможет сохранить на репетиции такое состояние духа, наслаждаясь исполнением с оркестром, — почти наверняка все будет в порядке.

Работа над концертом — серьезная и ответственная задача. Но, когда главное уже сделано и самое трудное позади, его легче играть наизусть, чем сольные вещи: само звучание оркестра создает ощущение поддержки. Тщательно подготовленный, ободренный дружественной и благожелательной атмосферой репетиции, солист сможет забыть о всяких волнениях на публике. Его голова будет так занята всем тем, что происходит вокруг, что для волнения просто не останется времени.

ГЛАВА XX

ПЕВЕЦ

Пианисты и органисты должны припоминать по четыре и более партии одновременно, тогда как певцы — только одну. Почему же тогда и вокалисты часто не доверяют своей памяти? Тем, кто начал заниматься вокалом в зрелом возрасте, недостает той многолетней музыкальной подготовки, которая создает основу музыкального образования каждого инструменталиста; недостает и должной тренировки, позволяющей предоставить подсознанию управление музыкальными привычками. Можно, конечно, запомнить музыку, ничего не зная о ее теории, но надежность памяти строится на фундаменте музыкального профессионализма. Поэтому певцам, не знающим элементарной теории, приходится сталкиваться с большими затруднениями. Кроме темперамента им не на что опереться, и потому волнение их вполне понятно.

1. Сопровождение

Мелодия песни запоминается легче всего. Певцы обычно боятся забыть либо ритм, либо слова. Чтобы запомнить ритм, надо усвоить его не только сознательно, но и подсознательно, а самое большее, что делается в этом направлении, — это счет, да к тому же еще и не точный. Певец, овладевший музыкальным рисунком мелодии, редко уделяет достаточное внимание аккомпанементу, который должен мыслиться совместно с вокальной линией как единая музыкальная ткань.

Многие из лучших современных певцов в юности получили пианистическую подготовку. Умение сыграть хотя бы часть аккомпанемента для певца является огромным преимуществом. Вокалисты, как и исполнители концерта, могут чувствовать себя уверенно только тогда, когда они запоминают свою партию вместе с инструментальной. Благодаря установившимся ассоциациям и силе привычки инструментальная партия естественным образом и в нужное время будет помогать каждому вокальному вступлению. Певцу, так же как инструменталисту, следует позаботиться о том, чтобы сначала создавалось впечатление о произведении в целом (его форме и настроении); затем следует учить вокальную партию в ее связи с сопровождением и, наконец, одну мелодию. Актер, не имеющий представления о герое, которого он играет, не в состоянии создать его образ. Однако вокалисты порой проявляют странное отсутствие какого-либо познавательного интереса по отношению к тому, о чем они поют. Так, одна студентка, исполнявшая на уроке известную арию Сен-Санса, вынуждена была сознаться, что никогда не читала историю Далилы.

2. Слова

Каждый исполнитель всегда и прежде всего должен думать о смысле музыки. Если инструменталист думает о нотах, если певец думает о словах — и ноты и слова могут оказаться полностью забытыми. Чтобы вспомнить слова, нужно думать не о них, а о том, что они выражают. Например, если появляется слово «небо», должна быть создана мысленная картина неба, серого или голубого, в соответствии с содержанием песни. Но если внимание отдано слову как таковому — память может по ошибке воспроизвести вместо неба облако. Вербальные привычки, когда им мешают, хватаются за ближайшие ассоциации, чтобы восполнить прерванную цепь мысли, и эти ассоциации могут быть весьма далеки от уместных в тексте. Иногда никакое слово не приходит на ум, и тогда наш умственный оркестр вовсе останавливается.

Язык, на котором поешь, так же как и ощущение ритма, должен войти в сферу подсознания. Чтобы петь свободно по-французски, например, нужно уметь и думать по-французски. Нет ничего удивительного в том, что некоторые певцы забывают слова: полагаясь на перевод, далекий от буквального, они довольствуются тем, что выговаривают слова, не зная ни смысла их, ни произношения. Если для певца существительное été и глагол était* звучат одинаково, то немудрено, что их трудно запомнить, а тем более донести их смысл до слушателей.

3. Волнение

Глубокое понимание исполняемого произведения и хорошая техника устраняют обычные основания для волнения, однако некоторые

* été (*франц.*) — лето, était (*франц.*) — был.

певцы боятся потерять управление дыханием. Лучшее противоядие против такого рода опасений — мышечная свобода. К советам, помещенным на с. 123, нужно добавить следующее: стоя перед началом исполнения в указанной позе, певец должен освободить сначала мышцы живота, затем плеч, — тогда дыхание сделается более непринужденным, а возможное перенапряжение гортани ослабится. Дальнозоркие во время исполнения должны поднимать глаза; это избавит их от лишнего смущения, неизбежно возникающего при встрече с глазами слушателей.

4. Аккомпаниатор

Для занятий лучше пользоваться роялем, а не пианино, иначе на концерте аккомпаниатор может растеряться от изменившейся звучности и непривычного положения деки.

Подобно вокалистам, аккомпаниатор должен сначала учить новую вещь как единое целое и лишь затем работать над своей партией, сопровождая ее пением. Хотя аккомпанемент редко исполняется по памяти на публике, однако пианист должен знать произведение настолько хорошо, чтобы на ходу восполнять возможные промахи певца, а иногда и выполнять функции суфлера — в критических ситуациях, требующих особенно глубокого знания музыки и свободы исполнения.

5. Советы певцу

Подобно всем музыкантам, певцы различаются как по способностям, так и по квалификации, и вопрос о том, сколько нужно учить на первом занятии, надлежит решать индивидуально. Но для любого певца, какими бы способностями он ни обладал, важно не торопиться с первым исполнением произведения. Каждая вещь должна быть выучена не только эмоционально, но и рационально.

(1) Занимаясь одним ритмом без слов, следует привыкать брать дыхание там, где это диктуется смыслом.

(2) Разучивая ноты по высоте, не следует играть их раздельно, имитируя голосом одну за другой. Ученик, который не может сыграть всю фразу самостоятельно, должен прослушать ее два или три раза, а затем попытаться спеть целиком.

(3) Попытки спеть фразу, как она написана, следует предпринимать только тогда, когда существует абсолютная уверенность в рит-

ме. Прежде всего должны быть твердо усвоены ритм и высота, а затем уже возможно пение со словами.

(4) В высшей степени полезно петь слова на одной ноте, не позволяя себе брать дыхание, нарушающее рисунок; эти упражнения готовят исполнителя к пению с аккомпаниатором, который не будет «подавать» вступления.

(5) Как можно чаще нужно пользоваться беззвучными упражнениями — вместо пения во весь голос (см. также пар. 9, с. 50).

6. Певец задает вопросы

Должен ли я учить слова без мелодии?

— Нет, если вы не связываете их с ритмическим рисунком (см. пар. 4, с. 56).

Поможет ли мне выписывание слов?

— Зрительная память может оказаться в затруднении, если ваша запись слов не соответствует их расположению в нотном тексте.

Если мне попадается очень трудный для запоминания эпизод (по словам или по музыке), что я должен делать?

— Инсценируйте, подобно оперному певцу, этот эпизод во время занятий: жест и чувство помогут вам запомнить как музыку, так и слова. Полезно также представить себе некую сцену, соответствующую разучиваемому произведению, и мысленно связывать музыку с местом или действием в этой воображаемой сцене.

Можно ли учить отдельно вокальную партию, если я уже знаю песню как целое?

— Сколько угодно.

Поможет ли это мне развить абсолютный слух?

— Да. В некоторых современных произведениях это почти необходимо, а для тех, кто поет в опере — крайне желательно (см. пар. 5, с. 125).

Примечание. Предлагаемые рекомендации должны согласовываться с особенностями памяти певца и типом разучиваемого произведения. Если у вокалиста имеется свой собственный надежный метод, его не следует отвергать. Однако и в этом случае рекомендуется внимательно прочитать эту книгу, так как проблемы для всех :музыкантов в общем-то одни и те же.

ГЛАВА XXI

ИСПОЛНИТЕЛИ НА СТРУННЫХ ИНСТРУМЕНТАХ И ДРУГИЕ МУЗЫКАНТЫ

Инструменталистам, исполнение которых требует аккомпанемента, близки проблемы, интересующие певцов. Нужно внимательно прочитать главу XX, а также и XIX; в них акцентируются основные мысли, с которыми особенно интересно будет познакомиться струнникам и духовикам.

После предварительного ознакомления с пьесой можно работать отдельно над сольной партией, обращая внимание на детали, причем трудности должны разрешаться последовательно, в соответствии с рекомендациями, указанными в книге. Смычок для струнников, дыхание для духовиков должны быть продуманы и размещены с самого начала и так же, как аппликатура, устанавливаться в соответствии с фразировкой.

1. Волнение

Многие инструменталисты должны не только запоминать ноты: на них лежит также ответственность звукообразования; именно поэтому некоторых одолевает боязнь неточной интонации. Но чем больше боишься чего-нибудь, тем скорее оно и случится. Волнение приводит к перенапряжению мышц, в том числе и мышц гортани, и, хотя музыкант может мысленно слышать требуемую ноту, он физически не в состоянии ее воспроизвести. Автору случилось знать человека, которому нужно было однажды выступить с речью перед публикой; в высшей степени озабоченный тем, чтобы говорить хорошо, он не смог говорить вообще: не приходили нужные слова. Когда он на пару минут присел и освободил мышцы, привычки речи сразу же приобрели возможность действовать с обычной легкостью.

Как же обрести уверенность в том, что по собственной воле и в нужный момент ты сможешь освободиться от мышечного напряжения? Есть только один путь — формирование навыков, приобретаемое практикой. После изучения музыкального содержания отрывка, выбрав соответствующие технические средства, нужно постараться найти правильное мышечное состояние и затем запомнить ощущение свободной игры. Когда оно становится привычным, исполнитель может больше не тревожиться и предоставить надежно разработанный и четко действующий механизм руководству подсознания. Не всегда понимают, однако, что при ощущении свободы освобождение во время исполнения не может быть полным. Правильное состояние называется «тонусом». Оно означает, что мышцы, не используемые в данный момент, хотя и не напряжены, но готовы, однако, к действию — физическое состояние, которое совпадает с соответствующим состоянием ума — «внимание минус усилие».

Понимая, на что способно подсознание, каждый музыкант во время занятий будет более сосредоточенным и активным, зато во время исполнения — более спокойным и беззаботным.

ГЛАВА XXII
ДИРИЖЕР

Оркестровая партитура представляет столь запутанную музыкальную карту, что для выучивания ее может потребоваться бесконечно много труда. Это особенно верно в отношении некоторых современных произведений, до такой степени сложных, что и сами композиторы, не прослушав своих творений в исполнении оркестра, не в состоянии полностью представить себе, как звучит то, что они написали. Из-за огромного количества времени, необходимого на выучивание партитуры, для большинства дирижеров дирижирование по памяти каждым произведением невозможно; однако когда музыкант, дирижируя мысленно, слышит произведение во всей его полноте — ноты на концерте ему не нужны. Но ответственность дирижера велика, поэтому многие не решаются отложить в сторону партитуру, даже если знают ее наизусть от корки до корки.

Рекомендуется ли дирижировать по памяти? Мнения на этот счет разделяются. Однако это становится модным (если только это мода), причем многие видят большое преимущество в том, что при дирижировании наизусть глаза и левая рука все время свободны.

1. Первое знакомство

Говорят, что есть два типа дирижеров — одни держат голову в партитуре, другие — партитуру в голове. Но чтобы полностью выучить партитуру, каждый на первых порах должен уйти в нее с головой, хотя не все в равной степени способны слышать музыку по первому взгляду на ноты. Дирижирование требует чего-то большего, чем музыкальность и темперамент, и тот, кто быстрее всех читает партитуру, совсем не обязательно самый одаренный дирижер. В начале работы над произведением большую помощь может оказать пианист или граммофонная запись, особенно если поджимают сроки или произведение достаточно сложное. Но чтение партитур совершенствуется от упражнения, и, конечно, лучше развивать внутренний слух, чем ставить себя в зависимость от посторонней помощи. Во всяком случае, важно сначала получить представление о произведении в целом (посредством чтения или прослушивания), набросать общие контуры, как художник набрасывает контуры картины. Затем нужно заняться темами и их фразировкой. Очень полезно также для прояснения формы произведения сравнивать различные модификации темы.

Нужно изучить группу струнных, затем деревянных духовых; постепенно музыкальная картина дополняется другими партиями. В партитуре так много материала, требующего работы мысли, что, вероятно, дирижеры во время занятий меньше страдают от рассеянности, чем инструменталисты, но каждое занятие должно подчиняться определенному плану, а повторение — вызываться конкретной задачей.

В процессе работы пьеса начинает приобретать форму. Каждый инструмент имеет свою краску, каждая фраза — свое настроение; отдельные партии начинают жить, как драматические образы. Дирижер задает темп, насыщает музыку чувством; в итоге музыка становится как бы частью его самого, как бы его собственной редакцией, носящей отпечаток его индивидуальности. Однако ни один музыкант не имеет права полностью полагаться на чувства; и, хотя жест должен быть бессознательным выражением музыки, в работе над любым музыкальным произведением можно и должно широко пользоваться сознательными ассоциациями.

2. Партитура в уме

Так как дирижеры вынуждены изучать большое количество нотного текста, уделяя ему при этом самое пристальное внимание (партитура необходима на репетиции), они должны обладать необычайно острой зрительной памятью. Поэтому может оказаться полезным помечать на партитуре стрелкой важные вступления. (Так актер отмечает свои выходы в пьесе.) Чтобы эти стрелки привлекали больше внимания, они могут быть разных цветов в соответствии с «голосами», которые они представляют. Например, вступления струнных могут быть условно помечены следующим образом: первые скрипки — лиловые; вторые — синие; альты — зеленые; виолончели — желтые; контрабасы — красные. Положение стрелки на странице достаточно для указания вида вступающего инструмента, цвет указывает вступление определенной партии в этой группе. Позднее, когда наступит время репетиций по памяти, цвета будут вспоминаться подсознательно, а на концерте подскажут дирижеру жест в то время, как он будет мысленно переворачивать страницы. Но не следует слишком увлекаться подобными пометками: музыканты, уделяющие чрезмерно много внимания расстановке значков, еще не гарантированы от неправильной работы. Сэр Адриан Боулт сказал однажды автору книги: «Кто перегружает свою партитуру значками, может однажды прийти к тому, что запомнит значки вместо музыки».

Рекомендуется пользоваться всегда нотами одного и того же издания. Если студент изучает сначала карманную партитуру, а потом ставит перед собой другую, на которой вступления и все прочее расположено иначе, — зрительная память дезориентируется. Одного только изменения издания совершенно достаточно, чтобы вызвать полную катастрофу в оркестре привычек любого музыканта.

На с. 57 было установлено, что записывание музыкального отрывка не поможет инструменталисту с большей легкостью вспомнить его. Но в случае с дирижером дело обстоит иначе. Поскольку дирижеру не приходится играть ноты подсознательно, ему может оказаться полезным записать по памяти несколько тактов, особенно трудных для запоминания.

3. Ассоциации

На бумаге нужно начертить план оркестра и, расположив его на столе, репетировать дома, указывая вступления различным группам оркестрантов. Следующий этап работы — беззвучная репетиция без карты. Теперь необходимые сигналы вступлений адресуются различным частям комнаты, где в своем воображении дирижер видит оркестрантов. Хотя лучшие из дирижеров не готовят заранее жестов, полезно, однако, слушая мысленно музыку, ассоциировать звук и настроение с намечаемыми в миниатюре жестами будущего законченного исполнения.

Тот, кто предпочитает пользоваться на публике партитурой, понимает, какое преимущество дает ему умение автоматически поворачивать страницы. Чтобы выработать эту привычку, следует репетировать по памяти, поставив перед собой большую книгу из пустых страниц и переворачивая их по подсказкам зрительной памяти.

4. Повторение

Можно сберечь много времени и сил правильным распределением повторений в процессе работы (см. с. 64). Но так как середина длинной части бывает обычно наиболее сложной, ей должно быть уделено дополнительное время и внимание; занятия в замедленном темпе выявляют прелесть деталей (см. пар. 6, с. 57).

Никогда не следует заниматься длительным изучением партитуры в один присест. Иногда полезно пройтись по комнате. Еще лучше короткие периоды отдыха между часами занятий проводить в прогулке на свежем воздухе. (Дирижеры, так же как инструменталисты, иногда предпочитают продумывать музыку во время прогулки.) (См. также пар. 2, с. 46.)

5. Концерт

Изучая партитуру концерта, дирижер должен уделять главное внимание сольной партии: это поможет ему найти правильный, с точки зрения солиста, темп. (Темп начального тутти должен быть соответствующим.) Некоторые фортепианные пассажи, например, не достигают эффекта (а может быть, и вовсе непреодолимы), если исполняются в темпе, импонирующем дирижеру, которому не приходится играть их собственными пальцами. В вокальном произведении темп должен выбираться с учетом интересов певца. Волнение заразительно, и ошибка солиста может сбить с толку дирижера в неменьшей степени, чем его собственная; поэтому даже в тех случаях, когда партитура произведения выучена наизусть, на концерте она всегда должна находиться под рукой.

6. Хоровые произведения

Те, у кого имеется опыт свободного исполнения по памяти, захотят, возможно, чтобы управляемый ими хор также не нуждался в нотах. Затраченная на достижение этой цели необходимая дополнительная работа будет полностью вознаграждена. Если дирижирование по памяти, может быть, и не всегда является оправданным, то хор, поющий без нот, выигрывает безусловно. Когда во время исполнения слышно и видно, как певцы переворачивают страницы, внимание аудитории рассеивается; с другой стороны, когда певцы вынуждены делить свое внимание между партитурой и дирижером, их исполнение утрачивает художественную свободу, отсутствие которой ощущает лишь тот, кто слышал хор, поющий без нот. Один американский хормейстер, который потребовал от своих певцов исполнения по памяти, нашел, что хор его «совершенно преобразился».

Многие из рекомендаций XX главы должны оказаться полезными и в работе над хоровым произведением; особенно полезны упражнения в пении слов на одной ноте и строго в ритме (см. пар. 5, с. 109).

7. Волнение

У дирижера во время исполнения столько хлопот, что на мысли о собственной персоне времени не остается. Обращенный к залу спиной, он страдает от волнения меньше, чем солист, но солист играет только на одном инструменте, дирижер — на сотне душ своих оркестрантов; и, если он не изучил человеческую природу так же глубоко, как музыку, которой дирижирует, его задача будет трудной вдвойне. Здесь можно сказать лишь несколько слов о влиянии личности дирижера на состояние духа его оркестра. Только при наличии доброй воли с обеих сторон репетиция может быть плодотворной. Если же три часа репетиции проходят в обстановке непрерывного нервного напряжения и взаимного непонимания, вряд ли оркестр, да и дирижер, будут чувствовать себя свободно и уверенно на концерте; вряд ли это будет способствовать творческому состоянию и лучшей форме. Студент, который хочет стать хорошим дирижером, должен сам играть в оркестре, чтобы стать на точку зрения своих исполнителей. Только тогда ему будет понятно их раздражение, вызываемое постоянными остановками и несвоевременными замечаниями, и напряжение, в котором находятся оркестранты даже тогда, когда дирижер относится к ним с достаточным уважением.

Дирижер не имеет права рисковать: он всегда должен пользоваться партитурой, если по той или иной причине сомневается в своей памяти. Да и тот, кто хорошо знает музыку, но понимает всю ответственность перед оркестрантами и искусством, будет чувствовать себя увереннее, когда у него под рукой партитура, пусть даже закрытая. Хотя дирижирование по памяти производит впечатление на публику, она, однако, не требует полного изгнания партитур, а поскольку дирижеры стоят спиной к залу, то слушатели не так отвлекаются перелистыванием страниц, как при игре солистов.

Каждый сам для себя должен решить, как он будет дирижировать — наизусть или по нотам.

ГЛАВА XXIII
О ПАМЯТИ

1. Новое в старом

Каждый студент, имеющий опыт преподавания, знает, что даже в состоянии усталости можно много часов подряд сосредоточенно заниматься с учениками. Преподаватели часто утверждают, что репертуар своих учеников знают лучше своего собственного. Это вполне естественно, так как именно пьесам своих учеников они уделяют максимальное внимание. Во время интересного урока даже самый рассеянный ученик способен на сосредоточенную работу. Автор считает, что, поскольку совместное занятие оказывает стимулирующее воздействие, многое таким методом может быть выучено с большой пользой. Если студенты-универсанты выигрывают от обмена мнениями по интересующим их проблемам, почему бы и студентам-музыкантам не воспользоваться этим? Особенно выигрывает от совместной работы тот, кто страдает рассеянностью.

Многое можно сделать с одним фортепиано, еще больше — с двумя; рекомендованное ранее разделение партий (на этот раз между двумя пианистами) поможет сделать более ясным первое впечатление от сложного на вид произведения. Работа над фугой, например, очень упростится, если каждый должен будет уделять внимание только одной или двум партиям, вместо трех или четырех (см. пар. 3, с. 47). Не прояснятся ли благодаря совместному обсуждению интересные моменты в музыке? Не даст ли выигрыша во времени соревнование на скорость выучивания? Люди часто жалуются, что не могут себе позволить роскошь брать уроки, но ведь совместные занятия ничего не будут стоить, кроме дополнительной работы мысли. Студенты, однако, не хотят утруждать себя размышлениями. Они занимаются кое-как, полагаясь на подсказку учителя. В результате квалифицированный педагог вынужден тратить время на задачи, которые ученик среднего уровня вполне может решать самостоятельно. Совместные занятия научат студентов больше полагаться на самих себя, а периоды работы между «встречами» могли бы быть использованы для претворения в жизнь идей, выработанных совместно. Кооперироваться следует студентам, находящимся примерно на одном уровне музыкального развития, иначе тот или другой займет позицию непререкаемого авторитета, чем сведется на нет смысл совместных занятий. А смысл — в развитии навыков самостоятельной работы, в мобилизации внимания и инициативы благодаря дополнительному стимулу, создаваемому совместной работой.

Вполне понятно желание проверить результаты своей работы на других, но нельзя позволять себе расхолаживаться из-за несправедливой критики. Художник рассматривает свою картину в зеркале, чтобы увидеть ее в ином аспекте: другая точка зрения может открыть ему нечто совершенно новое. Взаимная критика могла бы предотвратить появление плохих привычек: сам у себя многого не замечаешь. Играя для других, начинаешь понимать целый ряд вещей. Студенты без участия педагога могут организовать «исполнительский» класс[29], приобретая тем самым опыт, неоценимый для будущего артиста, который не всегда удовлетворяется работой в одиночестве, справедливо считая, что наслаждение от музыки не может быть полным, если оно не разделяется другими.

Немое фортепиано

К сожалению, немым фортепиано сейчас меньше пользуются, чем раньше. Студенту, который мысленно слышит звучание незвучащих нот, в высшей степени полезны такие «немые» занятия. (Лист пользовался таким фортепиано для упражнений.) Не говоря уже о всем прочем, пианист станет заниматься более сосредоточенно, зная, что его музыка не беспокоит других — безусловное преимущество для современных квартир.

Многие педагоги считают, что немая клавиатура вырабатывает привычки механической игры, но ведь и звучащее фортепиано совсем не обязательно обеспечивает игру музыкальную. Немая клавиатура (как и другие) может быть полезна или бесполезна в зависимости от того, слушает при этом студент или нет. Если немая клавиатура используется начинающим для тренировки слуха, а не исключительно для упражнения мышц (как это бывало прежде), она может помочь координации слуховых и мускульных навыков. Маленькая клавиатура может быть применима только для предварительной тренировки слуха и технических упражнений, но сейчас изготовляются более полные клавиатуры (складывающиеся для транспортабельности), включая и такие, на которых репертуар может запоминаться и заучиваться целиком. Для домашних занятий лучше всего пользоваться большой клавиатурой (смонтированной на ножках), хотя ей для полного совершенства недостает педалей. Немая клавиатура никогда, разумеется, не заменит фортепиано с демпферами различных размеров и веса, но все же беззвучные упражнения полезны во многих отношениях, особенно для пианиста во время концертной поездки. Не говоря уже обо всем остальном, упражнения улучшают кровообращение, а разогретые руки гарантируют большую техническую свободу.

2. Техника и аппликатура

Часто память обвиняют в срывах, истинным виновником которых является недостаток техники. Исполнение отрывка, в котором надо преодолевать технические трудности, действительно мешает нормальной работе памяти, поэтому не следует рисковать, вынося на публику вещи выше своих технических возможностей.

На ненадежность памяти жалуются обычно те, кто во время игры не умеет освобождаться от мышечного напряжения; как только удается добиться ослабления мышечной скованности, тотчас же улучшается и работа памяти. Но если исполнитель вообще сомневается в своей памяти, то мышечное напряжение может оказаться настолько сильным, что привычки и вовсе окажутся не в состоянии действовать. Поэтому необходимо уделять серьезное внимание выработке эластичной техники. В быстрых пассажах рука пианиста не должна опираться на клавиатуру всей тяжестью: освобождение руки, необходимое в медленных, поющих пассажах, в быстром движении может самым неблагоприятным образом сказаться на беглости и даже привести к полной остановке. Хотя бы ради только одной памяти трудные пассажи на *crescendo* не следует начинать слишком громко: работа памяти в большой степени зависит от умения беречь себя физически не только перед, но и во время исполнения.

Как техническая свобода помогает памяти, так игра по памяти помогает технике. Кто постоянно вперяет глаза в ноты — никогда не испытает творческой свободы, но стоит только довериться подсознательной памяти, и техника становится значительно более совершенной даже без дополнительных упражнений.

Аппликатура

Изменение аппликатуры меньше беспокоит музыкантов, обладающих абсолютным слухом, нежели тех, кто полагается главным образом на мускульную память. Но так как неудобная аппликатура затрудняет исполнение, каждому следует продумать соответствующие пальцы, имея в виду окончательный темп.

(1) Требуемое *legato*, за исключением совершенно неизбежных случаев, не должно нарушаться.

(2) По возможности следует подбирать пальцы для коротких нот с таким расчетом, чтобы между этими нотами и акцентами, которые они предвосхищают, не было разрыва (см. пар. 7, с. 40, а также пример 4, с. 38).

(3) Для секвенций и нотных группировок (или аккордов) лучше выбирать однотипную аппликатуру: повторения закрепляют мышечную память.

К. Дебюсси. Прелюдия. Тетрадь I № 8

33

Andante **А. Скрябин. Прелюдия ор. 16 № 3**

34

Ошибка, которую допускают многие, состоит в выучивании нот и аппликатуры без учета интерпретации и темпа; но, когда фразировка продумана с самого начала, вопрос о пальцах решается просто, в соответствии с логикой фразы (см. также пар. 2, с. 46).

3. Здоровье

Для музыкантов здоровье так же важно, как и работа, но педагоги больше других склонны, по-видимому, забывать о необходимости физических упражнений и регулярного питания. Сидение целыми днями на стуле, беспорядочная между делом еда добром не кончаются;

годы такого образа жизни приводят к расстройству здоровья, а вместе с ним и памяти. Хотя бы только в интересах своих учеников педагог должен думать о своем здоровье: «нервный» учитель — тягостное бремя для учеников любого возраста.

У артиста, разъезжающего по концертам, жизнь, в сравнении с педагогом, еще более напряженная. Он вынужден постоянно приспосабливаться к смене обстановки, соответственно подчиняя ей все свои привычки, в том числе и привычку сна.

Диета

Диета важна вообще, но особенно в течение недели, предшествующей концерту; недостаточное количество здоровой пищи может привести к чувству подавленности и, возможно, необычной тревоги. Пища, так же как работа, лучше усваивается в определенные часы. Но музыкант, как актер, никогда не должен есть непосредственно перед выступлением; важно, однако, в день концерта хорошо поесть, предпочтительно за несколько часов до выступления. Поскольку музыкальное исполнение требует затраты физической энергии, врачи рекомендуют музыкантам в качестве тонизирующего средства сахар. Легко усваиваемый, он представляет собой ценный продукт питания накануне и в день концерта.

Совершенно должны быть исключены сильные возбуждающие средства, а также наркотики всех видов; музыканту, который умеет отдыхать, они не нужны, а зависимость от любых наркотиков образует психологически вредные привычки. За два часа до концерта можно выпить чашку слабого чая с легкой закуской; однако если чай действует слишком возбуждающе, то и его следует избегать. Волнение и нервозность могут быть вызваны лишней чашечкой кофе — не свидетельствует ли это о том, что диета играет существенную роль в поведении памяти?

Физические упражнения

Чувствительность нервных волокон притупляется от холода, и, как бы ни была хороша память, функциям привычек воспоминания мешает плохое кровообращение. Кроме того, музыканту с хорошим кровообращением требуется сравнительно меньше работы для поддержания формы. Нужно обязательно начинать день с физической зарядки (избегая слишком резких движений), причем ежедневные, правильно подобранные физические упражнения значительно более полезны, чем длинные прогулки от случая к случаю в то время, когда максимальная физическая энергия требуется для музыкальной работы. Так же как певцы, инструменталисты должны заниматься дыхательными упражнениями; некоторые из них можно делать и во время прогулки, в ритме ходьбы. Тренируя самообладание, такие упражнения, кроме того, способствуют сохранению хорошего самочувствия и бодрости, а следовательно, и большей уверенности в себе.

4. Отдых

Музыка несомненно полезна для здоровья, но занятия музыкой утомляют как нервно, так и физически, и потому необходимо отводить специальное время для восстановления сил. В противном случае страдает память: многие провалы бывают просто следствием усталости. Несколько минут отдыха как перед работой, так и перед едой совершенно необходимы; необходим также короткий отдых в занятиях в середине дня, хотя бы только на 10 минут.

Чрезмерное старание освободить мышечное напряжение мешает достижению цели, так как отдых означает полное снятие всякого усилия. Здесь мы можем кое-чему научиться у животных, которые умеют отдыхать, даже бодрствуя. (Поднимите лапу собаки, когда она отдыхает, и вы заметите, как свободны все суставы, как тяжело лежит лапа в вашей руке.) И наоборот, как много энергии тратят зря цивилизованные человеческие существа. Лишь немногие из них по-настоящему спокойны, у большинства же руки и ноги находятся в постоянной активности, когда в этом, казалось бы, нет никакой нужды. Студент, научившийся сдерживать ненужные движения, сможет приводить себя в состояние, известное под названием «парения», а умение освобождать по собственной воле мышцы помогает экономить энергию и предотвращать волнение. Как только почувствуешь волнение или раздражение, нужно лишь освободить мышцы — и нервное напряжение снимается само собой.

Покойная поза

Музыканты должны приобрести привычку сидеть следующим образом: руки лежат свободно на коленях, ноги (не скрещенные) поставлены одна впереди другой (подошвы на полу). Это определяет и положение рук: когда правая нога поставлена впереди левой, левая рука лежит на коленях впереди правой и наоборот. Руки не должны соприкасаться. В таком положении можно сидеть во время поездки или в любое другое время спокойного отдыха, а непосредственно перед исполнением эта поза, исключающая всякое напряжение в плечах и руках, создает ощущение умственного и физического покоя.

Певцы на эстраде должны стоять так, чтобы их вес распределялся поровну на обе ноги, одна из которых должна быть несколько выдвинута вперед. Руки следует держать вместе: правая рука покрывает левую, когда левая нога впереди, и наоборот. В этом положении можно долго стоять не утомляясь.

Пианисты должны сидеть прямо, но не напряженно. Наименьшая утомляемость достигается при движениях всего корпуса от бедер (причем у талии мышцы не распускаются). При пользовании педалью левая нога ставится под стул: это помогает удерживать тело в равновесии.

Отдых во время работы

Некоторые люди во время бодрствования боятся любой формы отдыха, полагая, очевидно, что ничего полезного нельзя сделать, если ноги не стоят твердо на земле. Но в интересах меньшей утомляемости можно позволить себе иногда придать ногам более высокое положение. Это возможно на некоторых этапах занятий, скажем, при беззвучном повторении уже выученной пьесы, и рослые люди особенно выигрывают от такого положения ног. Подходящим моментом для такого рода работы-отдыха является время непосредственно перед сном — тогда подсознание будет продолжать начатое дело уже без помощи сознания. Однако этот совет не для тех, кто страдает бессонницей.

Сон

Лучше всего спят не те, кто переутомляется, а те, кто умеют беречь свои силы, и умение заставить себя спать, когда это нужно, — один из секретов хорошей памяти. Бессонница, как и нервозность, излечивается быстрее, если о ней меньше говорить. Но некоторые, по-видимому, очень гордятся бессонницей и, ежедневно твердя «я очень плохо сплю», подкрепляют дурную привычку. Сон — самая естественная из привычек, и, если нет причины для бессонницы, каждый здоровый человек должен спать в определенное время. Сознательное существование, как роман с продолжением, должно прерываться каждую ночь в одно и то же время. Но чтобы насладиться восемью часами свободы от волнений и тревог, нужно научиться, насколько это возможно, избегать излишних волнений и тревог в течение дня. Хорошее настроение во время бодрствования — лучшая гарантия спокойного сна.

После выступления в концерте музыканту трудно заснуть; в этом случае, слегка закусив, следует погулять. (Можно рекомендовать в качестве усыпляющего средства пасьянс.) Но даже если не спится, можно отдыхать, наслаждаясь покоем, как это делают животные, полностью освободившись от всякого напряжения. Тот, кто умеет так отдыхать, не будет бояться лежать без сна, если это иногда и случится. Тревоги являются обычной причиной бессонницы, и именно тревоги, вызванные бессонницей, делают ее привычной.

Тишина

Со временем можно научиться хорошо спать и после концерта, но перед концертом каждому музыканту просто необходимо спать. В наше время, однако, уши подвержены бесконечной канонаде звуков, и так как некоторые хорошо тренированные музыканты могут слышать, не слушая, то перед концертом нужно предусмотреть специальные меры против шума.

5. Абсолютный слух

Для художественного исполнения необходимо чувство относительной высоты звука; абсолютный же слух — это нечто совсем иное, и для некоторых инструменталистов обладание им не является существенным. Иногда абсолютный слух может даже мешать (например, когда музыка играется не в той тональности, в которой она написана), но в общем он представляется большим преимуществом, особенно с точки зрения возможностей памяти: слушая звук — действительный или воображаемый — музыкант с абсолютным слухом инстинктивно берет соответствующую ноту. Из этого не следует, однако, что этот исполнитель будет обязательно музыкален в других отношениях.

Поддается ли развитию эта способность, называемая также «памятью на абсолютную высоту звуков»? Люди различаются по силе памяти на любой материал: одни выучивают французский язык быстро, другие медленно, третьи так никогда и не научатся мыслить по-французски, как бы долго они ни учились. Но, хотя и не всегда недостающие качества достигаются упражнениями, достойно удивления, сколь многого можно добиться тренировкой. Те, кто полагают, что у них нет памяти на музыку, все же в конце концов могут научиться вполне свободно играть наизусть; большинство музыкальных людей (если не все) может развить в себе абсолютный слух теми же средствами — терпеливыми и регулярными упражнениями. Этот вид памяти основывается, конечно, на ассоциациях. Одни инструменталисты ассоциируют высоту с определенным местом на клавиатуре, другие, включая многих певцов, — с мышечным ощущением при воспроизведении того или иного звука. Повторения всегда углубляют ассоциации, и многие струнники помнят звук открытых струн потому, что часто настраивают их, напряженно вслушиваясь.

Ниже приводится новый метод выработки абсолютного слуха путем ассоциаций. Тесты для запоминания должны быть очень короткими и частыми; слушать их нужно с закрытыми глазами, сосредоточивая внимание на качестве звука.

Предварительные упражнения

Полностью освободившись от физического и умственного напряжения, следует представить себе начало какой-либо выученной наизусть пьесы. Если учащийся «слышит» ее в оригинальной тональности, значит, он частично обладает абсолютным слухом, хотя потребуется еще много упражнений для узнавания на слух тональности незнакомой музыки.

Тактильная и слуховая память порой так тесно связаны, что одного только прикосновения к клавише достаточно, чтобы вызвать в сознании точную высоту ноты. Один любитель-музыкант, одаренный абсолютным слухом, забавлялся, мысленно импровизируя на картонной клавиатуре. Но без этого эрзаца фортепиано, на котором можно было бы «играть», с импровизацией у него ничего не получалось.

Оригинальный метод выработки абсолютного слуха

Студент должен сосредоточиться на запоминании каждый раз только одного звука вместе с его тоническим аккордом. Чтобы научиться мысленно представлять какую-нибудь тональность, нужно взять хорошо известное произведение, такое, как национальный гимн, которым можно воспользоваться для запоминания Соль мажора[30]. Проиграв три фразы, студент должен спеть звук *соль*, сосредоточивая внимание на его окраске и качестве. Затем надлежит спеть тонический аккорд два или три раза в виде арпеджио и в этот же день, несколько позднее, постараться припомнить звук *соль* вместе со звучанием его аккорда, пользуясь, если нужно, фортепиано как суфлером. Попытка вспомнить не должна быть слишком сознательной, скорее следует ждать, когда звук сам проявится в сознании. Пройдет несколько дней (возможно недель), пока звук можно будет припоминать по собственной воле. После этого приступают к запоминанию другой тональности, для чего выбирается начало знакомой пьесы, предпочтительно в ре-бемоль мажоре, так как эту тональность трудно спутать с тональностью соль мажор. (Одновременно нужно поддерживать в памяти ранее выученную тональность.)

Таким же точно образом, связывая выбранную пьесу с определенной тональностью, прибавляют ноту за нотой, постепенно заполняя весь хроматический звукоряд. Для проверки памяти в свободную минуту, между делом, полезен камертон. Иногда память оказывается более точной, иногда менее. Но если ученик проявит достаточное терпение, он, вероятно, получит в итоге приятный сюрприз, когда, слушая радио, сможет сказать уверенно: «Эта пьеса написана в тональности Ре мажор». Он будет узнавать тональность не думая, так как подсознательная память натренирована ассоциациями.

Естественная память

Наличие абсолютного слуха обычно обуславливает естественную память на музыку, которую когда-либо слышал или играл. Однако для тех, кто обладает такой стихийной памятью, существует особая опасность: если исполнитель, полностью полагающийся на внутренний слух, забывает (возможно, из-за волнения) звучание музыки, — он будет не в состоянии продолжать, в отличие от того, кто учил музыку более сознательно. Даже если провал слуховой памяти угрожает катастрофой, сознание, подобно суфлеру, благодаря знанию деталей в соотношении с целым, должно подсказать, как выйти из затруднительного положения. Поэтому даже тем, кто может немедленно воспроизвести сыгранную или услышанную музыку, рекомендуется анализировать концертные пьесы так же тщательно, как это делают музыканты, не обладающие такими способностями (см. также пар. 16, с. 67).

6. Импровизация

Музыкант, одаренный абсолютным слухом, обычно легко и естественно импровизирует. Однако способность к импровизации, подобно способности узнавать высоту звуков, можно развить в большей или меньшей степени, совершенствуя память: изучающий гармонию студент, играя аккорды в секвенционной последовательности, сознательно накапливает тот материал, который он сможет впоследствии комбинировать подсознательно. И все же как в случае абсолютного слуха, так и в случае импровизации естественная одаренность обычно далеко превосходит приобретенные возможности.

Хотя вопросы последовательности тональностей и формы можно решать сознательно, истинная импровизация всегда подсознательна; именно этим объясняются трудности, которые испытывают музыканты, стараясь изложить в нотной записи лучшие свои импровизации: усилие сознания мешает свободному потоку музыкальных идей.

Один превосходный импровизатор-любитель, который, не имея ясного представления о гармонии, мог по желанию создавать любого рода музыку (включая сложный контрапункт), признавался, что он сознательно «предслышит» только одну ноту или аккорд перед тем, как воспроизвести их на инструменте.

Композиторам иногда трудно играть собственные произведения по памяти; это не удивительно, так как, когда пьеса закончена, авторы часто теряют к ней интерес. Вид законченной пьесы редко совпадает с ее первым наброском: одного этого достаточно, чтобы объяснить затруднения, испытываемые композитором при попытке вспомнить окончательную редакцию.

Тот, для кого игра — тяжкий труд, вряд ли способен хорошо импровизировать. Но, если исполнитель свободно играет пьесу, подсознание может преподнести ему сюрприз: знакомая пьеса зазвучит совершенно по-новому; подобно импровизации, она как бы забьет ключом из глубины души. Лишь испытав это прекрасное состояние духа, музыкант может сказать, что он играет сердцем в полном смысле этого слова.

7. Память на другие вещи

Имена

Одни люди запоминают имена с большей легкостью, другие — с меньшей, но память на имена можно развить, так же как и память на музыку, посредством внимания, ассоциаций и повторений.

Разговоры о том, что «у меня ужасная память на имена», не помогут делу; вместо разговоров надо постараться проявлять интерес не только к именам, но и к тем, кто их носит. Каждое редкое имя (подобно необычному аккорду) легко запоминается, как нечто забавное; и, если, например, очень высокого человека зовут Little*, вряд ли вы это забудете. Широко распространенное имя (как банальный аккорд) труднее запомнить, и его нужно сознательно ассоциировать с чем-нибудь другим, относящимся к данному человеку. Конечно, если человека встречаешь очень часто, одно только повторение закрепит в памяти его имя, но, если имя забылось — не старайтесь его припомнить. Вместо этого подумайте о человеке, представьте себе место, где встречали его, вспомните все, что связано с ним. Если эти ассоциации не дадут ожидаемого результата, переключите внимание на другое. Тогда, возможно, совершенно неожиданно вы вспомните забытое имя. В этом случае нужно его записать, так как в записывании участвуют мышечная и зрительная память.

Лица

Когда мало знакомый человек забывает ваше имя, это не очень вас огорчает, но, если он просто не узнает вас, — это уже оскорбительно. Поэтому можно не колеблясь попросить человека еще раз назвать свое имя, но никогда не следует признаваться: «Я не помню вашего лица». Достоин подражания пример Леонардо да Винчи, который, проявляя особый интерес к лицам, считал, что зрительной памяти должен помогать тщательно разработанный метод. Создавая свой собственный метод, мы должны исходить из ассоциаций; очень помогает, например, находить общее между лицом нового знакомого и лицом, знакомым давно. И что важнее всего — нужно пытаться проникнуть за маску, которой обычно является человеческое лицо. Если проявить интерес к тому, что в действительности представляет собой человек, с которым говоришь (вместо того, чтобы думать о своих собственных реакциях на него), то легче запомнить и его лицо.

Для концертирующего исполнителя, которому по роду его деятельности приходится встречаться со многими людьми, умение запоминать их имена и лица является большим преимуществом. Нужно завести записную книжку и ежедневно записывать в нее имена

* Little (*англ.*) — малыш.

новых знакомых и некоторые подробности, касающиеся их. Последние записи в этой портретной галерее должны часто просматриваться, а лица, насколько возможно, оживляться в воспоминаниях. Если делать это регулярно, память как на имена, так и на лица значительно разовьется. Имея в виду, что впоследствии придется вносить записи в книжку, будешь при первой встрече более внимателен.

Даже дальнозоркие люди могут бродить по свету все видя, но мало что замечая. С другой стороны, наблюдательность можно сделать привычкой. Во время путешествия, например, имеется масса возможностей для развития зрительной памяти: зорким взглядом детектива можно упражняться в умении схватывать облик человека, оглядев его с головы до ног; затем попытаться восстановить в памяти черты его лица, одежду, то, что было, возможно, у него в руках. Это — забавное упражнение, требующее активного внимания.

Чтобы заметить и запомнить что-то, важно ясно увидеть это все как единое целое, а также и в отдельных деталях. Даже номер телефона проще выучить, разделив его на группы и запоминая как музыкальные фразы, сравнивая одну с другой.

Люди, не имеющие зрительной памяти на ноты, хорошо, однако, сохраняют зрительные образы других вещей. Поэтому рекомендуется записывать предстоящие важные дела, включая свидания. Тому, кто делает это с полным вниманием и видит слова, написанные собственным почерком, не так легко забыть их.

Намеренное забывание

Когда мы говорим, что забыли что-то, мы подразумеваем, что не можем это вспомнить; что касается количества материала, которое память удерживает в каждый данный отрезок жизни, то здесь явно заметно стремление к экономии: ненужное имеет тенденцию забываться. Некоторые вещи отодвигаются на задний план, чтобы уступить место другим, в данное время более полезным. Если какое-то время не заниматься музыкой, то лишь немногие пьесы из большого ранее репертуара сможешь играть по памяти; но стоит только несколько дней поупражнять привычки, и пьесы, совсем как будто забытые, снова проявляются в сознании. Таким образом, в каждой данной области количество сознательно удерживаемого в памяти материала в значительной степени ограничено потребностями момента. Но, как только появится настоятельная необходимость, аппарат памяти сработает: если памятью пользуются правильно, ее подсознательные возможности, по-видимому, не ограничены.

Однако мы замечаем, что склонны почему-то постоянно забывать те, а не иные факты: определенные свидания, определенные места музыкальных произведений. Это не случайно. Давайте откроем нашу «книгу опыта»; в ней можно найти картины как приятные, так и неприятные, но на страницах, отражающих время не очень близкое к настоящему, мы, вероятно, найдем больше приятных. Почему бы это? То, что на первый взгляд кажется причудами памяти, находит весьма простое объяснение: память наша старается освободиться от того, что неприятно или невыносимо тяжело[31]. Чтобы управлять в какой-то мере этими «капризами» памяти, нужно ясно отдавать себе отчет в ее стремлении избавляться от ассоциаций неприятных или причиняющих боль. Как легко запоминается все касающееся человека, который нам очень нравится; но, если чувство симпатии к нему сменяется неприязнью или мы причинили ему зло, прежде всего пострадает память на все, что с этим человеком связано. Однажды мы обнаружим, что начисто забыли его адрес, хотя раньше знали его, как свой собственный.

Имея в виду, в частности, явление «намеренного забывания», следует позаботиться о том, чтобы занятия музыкой доставляли удовольствие: в результате механической работы, переутомлений, бессмысленной зубрежки появляется такая неприязнь к разучиваемому произведению, которая легко может перейти в отвращение. Тогда память объявляет забастовку и привычки припоминания полностью парализуются.

Сны и память

Кто умеет полностью освобождаться от всякого напряжения, лучше припоминает свои сны. Превосходное упражнение: пробудившись, стараться вспомнить все, что сможешь, из своих снов. Просто удивительно, как много после некоторой тренировки удается восстановить в памяти; а такой контакт с собственным подсознанием в высшей степени способствует развитию памяти, в том числе и памяти на музыку.

ГЛАВА XXIV
ОТ СТРАХА К УВЕРЕННОСТИ

Лучше быть хрусталем и затем разбиться,
чем оставаться безупречной черепицей на крыше.
Из китайской поэзии

Выдающиеся исполнители также волнуются, выступая перед публикой, но они волнуются не в обычном смысле этого слова; их состояние скорее представляет собой возбуждение, доходящее порой до экзальтации.

1. Волнение разных видов

Возбуждение можно назвать полезным видом волнения, так как вместо страха оно вызывает повышенную выносливость и обостренность чувств, дающую исполнителю возможность превзойти самого себя. Температура творческого накала вдохновленного исполнителя не может считаться нормальной, и это состояние довольно точно характеризуется словом Lampenfieber, что значит «ламповая лихорадка» (она чаще испытывается вечером, нежели днем). Но есть другой вид волнения, называемый le trac*. Этот синоним Lampenfieber характеризует, однако, противоположное состояние духа, когда страх, нарастая катастрофически, может привести к полному параличу всех творческих сил. Некоторые формы волнения возникают по вине самого музыканта, другие менее поддаются его непосредственному контролю. Но хотя волнение может иметь физические причины, например, холодные руки (или плохое фортепиано), и физические следствия (включая холодные руки) — в основе его всегда лежат явления психические. Чтобы научиться предотвращать или лечить волнение, студент должен с головой уйти в «книгу личного опыта». Только там можно найти либо охранное свидетельство, либо рецепт соответствующего лекарства.

* Le trac (*франц.* разг.) — страх; avoir le trac — робеть, трусить, волноваться (перед выходом на сцену).

2. Опасная мысль

Каждый из нас в глубине души жаждет сочувствия, и, когда студент говорит содрогаясь: «Ах, я так волнуюсь!», — он уподобляется ребенку, которому нравится быть больным, потому что это привлекает к нему внимание. Такого рода волнение есть не что иное, как определенный вид тщеславия, и так же, как некоторые жалуются на бессонницу, хотя спят вполне прилично, так встречаются исполнители, которые больше делают вид, что волнуются, чем волнуются на самом деле. Однако в результате разговоров о своих страхах можно оказаться в еще более тяжелом положении, так как волнение, будучи объектом внимания, прогрессирует; даже думать о нем опасно, а называть тем более. Подобно выпущенному из бутылки джинну, оно может превратиться в такую силу, с которой музыкант уже не в состоянии будет справиться. Одно дело хвастаться волнением в кругу друзей, совсем другое — испытать позор публичного провала: вокруг страха, закрепленного печальным опытом, возникнет так много неприятных эмоций, что все это вместе взятое приведет к полной душевной сумятице, вылечиться от которой можно, только изучив самого себя. Думать о страхе всегда опасно; говорить о нем (хотя бы самому себе) можно лишь в те моменты, когда находишься в совершенно спокойном, отрешенном состоянии духа и беспристрастно пытаешься установить причину волнения.

3. Вопросы к самому себе

Волнение актера во время премьеры вполне понятно: он зависит от других, возможно, еще более волнующихся партнеров, и может, даже если достаточно хорошо подготовлен, оказаться в затруднении, получив неправильную реплику. Но солист, если только ему не приходится выступать с ненадежным аккомпаниатором или дирижером, должен чувствовать себя значительно более твердо. Если все же солист становится жертвой опасного волнения, он должен спросить себя: «Всегда ли я учу музыку добросовестно? Не полагаюсь ли я иногда на авось? Делаю ли я все, что в человеческих силах, чтобы добиться успеха?» Вот что пишет Падеревский о своем опыте: «В течение многих лет моей артистической деятельности я испытывал эти ужасные страдания перед выступлением, эти муки, которые невозможно описать. Согласно моей теории, ужасное внутреннее волнение, страхи, связанные со всем и вся — публикой, фортепиано, обстановкой, памятью, — все это ничто иное, как нечистая совесть». В заключение он добавляет: «Страх — это только чувство ненадежности и, может быть, ненадежности только одного отрывка или даже одной фразы... но фраза эта будет мучить вас до тех пор, пока вы ее не одолеете».

4. Занятия не вовремя

Чувство неуверенности, чаще всего возникающее в результате недостаточной работы, иногда бывает следствием работы чрезмерной. Не доверяя себе, многие исполнители репетируют программу снова и снова как раз тогда, когда о ней нужно думать меньше всего. Сознательная работа должна быть закончена задолго до концерта, и, если исполнитель не знает как следует концертных произведений за 10 дней (предпочтительно за 10 недель) до выступления, он скорее всего будет волноваться и, возможно, не будет иметь успеха. Если даже пьеса должна быть выучена срочно, что иногда бывает неизбежно, едва ли можно рекомендовать аналитическую работу до самого последнего момента. Наиболее удачливые исполнители перед концертом ощущают как бы пустотность сознания — свидетельство того, что бремя ответственности переносится на подсознание; в это время, следовательно, не нужно себя подстегивать. Опытные музыканты знают, что исполнение на публике страшнее в перспективе, чем в реальности; достаточно прикосновения к клавиатуре, чтобы к жизни были вызваны мнемонические ассоциации, действующие, если не мешать им сомнениями, в силу привычки.

Многие, однако, упорно занимаются вплоть до последнего момента, и у них тем не менее все сходит благополучно; в их числе опытные и пользующиеся успехом исполнители. Но, если вещи учились правильно, в этом безусловно нет никакой необходимости. Разумеется, в спокойном состоянии духа занятия до последней минуты менее опасны, но перед самым выступлением всегда лучше недоработать, чем переработать. Следует отметить, что те, кто работают до последней минуты, сплошь и рядом особенно сильно волнуются на концерте, и не удивительно, так как они не только взвинчивают себя, но и раньше времени истощают запасы нервной энергии. Такого музыканта трудно уговорить отдохнуть перед выступлением. Однако, чтобы убедиться в цепкости памяти, нужно только сыграть концертную программу через неделю после выступления (причем в течение этой недели к ней не следует прикасаться). Именно потому, что память некоторое время не тревожили, музыка будет припоминаться особенно легко. Только в результате такого эксперимента слишком беспокойный музыкант сможет оценить или значение веры в свою память, или преимущества отдыха.

5. Враждебное влияние

Одной из самых распространенных причин волнения является внушенная извне мысль о возможном провале. Попав на благоприятную почву недостаточно бдительного сознания, она может развиться в опасное самовнушение. Автору приходилось встречать бесчисленное количество людей, искалеченных страхом, возникшим будто бы в результате публичного провала; но при ближайшем рассмотрении истинной причиной было враждебное внушение. Именно благодаря ему в студенте возникло и развилось чувство неполноценности, вытеснившее веру в себя. В некоторых случаях — это внушение в малых дозах, медленно подтачивающее чувство уверенности; в других — в одной фатальной дозе, достаточной, чтобы сразу совершенно обескуражить студента. Молодой человек редко бывает настолько опытным психологом, чтобы представить себе всю опасность враждебного внушения или понять его мотивы. Полезная критика — это одно, разрушительный критицизм — совершенно иное. Поэтому студент, так же как и артист, должен уметь защищаться от враждебного внушения. Юность особенно беззащитна против посторонних влияний, но вредное внушение порой оказывает парализующее действие и на взрослого. Даже случайное (пусть самое невинное) замечание друга о возможном провале может привести к катастрофе, если музыкант не подготовлен к такого рода разговорам и не умеет их игнорировать.

6. Восстановление душевного спокойствия

Негодовать по поводу обескураживающей критики бесполезно, а думать, что ты один являешься ее жертвой — глупо. Каждому студенту следует познакомиться с жизнеописаниями великих людей хотя бы только для того, чтобы увидеть, как враждебный критицизм и разочарования, отравляя слабые души, служат дополнительным стимулом для сильных. Чем более велик художник, тем строже он себя судит. Не только студент, но и каждый преуспевающий артист порой испытывает моменты отчаяния; будучи только человеком, и он может забыть несколько тактов во время выступления, может оказаться вовсе не в состоянии закончить пьесу (известно, что даже у фон Бюлова были случаи провалов памяти на концерте)[32]. Но вместо разговоров о досадном происшествии и размышлений о нем до конца своих дней он сделает единственно разумную вещь — постарается следующий раз играть лучше.

Во время выступления возможны разные неприятности, однако, если рассматривать их как случайные эпизоды, а не как безнадежную катастрофу, все может оказаться к лучшему. После неудачи музыкант тотчас же должен заставить себя мобилизоваться и сделать новую попытку, иначе, подобно летчику, потерпевшему аварию, он потеряет самообладание. Потом, после концерта, он должен проверить свои внутренние ресурсы, пытаясь честно ответить на следующие вопросы: «Не ждал ли я провала, выходя на эстраду? Не был ли я утомлен в тот вечер? Не был ли я занят собой, вместо того чтобы думать о музыке?» Когда причина неудачи раскрыта (возможно, причин было несколько), событие надо рассматривать как опыт, полезный с точки зрения будущей деятельности. Если это усвоить, то все страхи рассеются и вместо вреда он принесет пользу, так как музыкант, обогащенный опытом, будет чувствовать себя крепче. Так в результате правильного лечения может стать крепче сломанная кость.

7. Неожиданное утешение

Если исполнитель играет с душой, публика и критика всегда простят ему несколько фальшивых нот, простят даже небольшую осечку памяти (если заметят, что бывает далеко не всегда), и тот, кто знает об этом, будет меньше бояться ошибок, а следовательно, и меньше ошибаться.

Исполнитель должен игнорировать любой промах, допущенный на эстраде, иначе, разволновавшись из-за одной фальшивой ноты, можно загубить всю программу. Что-то может быть исполнено хорошо, что-то хуже; нужно учиться слушать себя спокойно и надеяться на лучшее. Есть одно обстоятельство, которое надо всегда иметь в виду, выступая перед публикой: слишком тщательно и сознательно заготовленные музыкальные эффекты звучат вымученно. Как раз тогда, когда исполнитель больше всего доволен собой и когда каждая нота на месте, а каждый задуманный заранее эффект выполнен, публика может оставаться холодной. И наоборот, иногда техника далека от совершенства и память из-за волнения ненадежна, но музыка полна для слушателей глубокого содержания. Публика бывает порой самым хорошим критиком; ее искренние аплодисменты, может быть, в какой-то степени успокоят огорченного музыканта, и он утешится, хотя и не сумел показать максимум того, на что, как ему кажется, был способен.

8. Преодоление волнения

Ошибка, которую допускают многие, состоит в попытках «бороться» с волнением: старание подавить страх только ухудшает положение, и те, кто усвоил закон обратного усилия, предпочтут пользоваться законом «непротивления» Толстого. Вместо того, чтобы задерживаться на неприятных воспоминаниях о неудаче, благоразумный музыкант обратит свои мысли к случаям, когда он выступал с особым успехом; тогда приятные эмоции вытеснят постепенно страхи, поскольку теперь уже внимание сосредоточено на другом. Все оборачивается к лучшему только в том случае, если прошлые неудачи рассматриваются как полезный урок. Бесконечные размышления о неприятностях не приводят к добру: повторения закрепляют ассоциации, тягостные воспоминания рассеиваются с трудом; если же сознательно направить свои мысли на что-нибудь приятное, появляется чувство уверенности в себе.

Но подсознание даже днем может вести себя в высшей степени неблагоразумно, и иногда музыканту не удается подавить волнение: он не в состоянии думать ни о чем, кроме прошлых и будущих неприятностей. В таких случаях прежде всего ищут прибежища в сочувствии, тогда как это должно быть самым последним средством. Вместо этого надо заняться чем-нибудь таким, что полностью захватывает вас в данный момент — музей, театр, кино, увлекательная, не связанная с музыкой работа, даже игра в карты — все средства хороши. Волнение может вернуться, но теперь его жертве уже легче будет с ним справиться, ибо опыт показал, что достаточно острый интерес к чему-либо может вытеснить страх. Любая форма волнения обостряется усталостью, и такое простое средство, как обед с веселым товарищем, может разогнать все мрачные мысли.

Во всех случаях одержимости волнением важно хотя бы ненадолго освободиться от внутренней скованности, тогда музыкант почувствует себя менее беспомощным. В крайнем случае нужно проконсультироваться у хорошего психиатра, но всегда в итоге надежнее справляться со своими недугами самостоятельно вместо того, чтобы полагаться на постороннюю помощь.

9. Как создать хорошее настроение

При недостаточной бдительности или проявлениях слабости музыканта всегда подстерегают мысли о провале, и, оберегая себя от их губительного влияния, можно воспользоваться маской уверенности; на первых порах, искусственная и наигранная, она со временем становится частью характера. Хотя настроение — категория подсознательная, сознательно «играя» определенное состояние духа, можно вызвать его к жизни[33]. Это можно было бы назвать «законом обратного настроения»: если волнуешься — очень помогает просто притвориться спокойным.

Обуреваемый волнением исполнитель даже самому близкому другу не должен признаваться, что боится выступления; он не должен признаваться в этом и самому себе. Друзьям или себе следует говорить, безмятежно улыбаясь: «Я с нетерпением жду концерта». И если повторять это достаточно часто вслух или про себя, страх перед выступлением постепенно будет уступать место чувству уверенности. Такое самовнушение полезно связывать с картиной предстоящего успеха, считая его заслуженной и справедливой наградой за хорошо сделанную работу, а не далекой несбыточной мечтой. Не все люди мыслят одинаково образно, но во всех случаях самовнушение должно соответствовать желанию. Например, пользуясь словесным внушением, следует придавать ему позитивный, а не негативный характер: формулировка «Я буду спокоен» много эффективнее формулировки «Я не буду волноваться» — последняя может привести к нежелательным результатам.

Иногда в сознательном самовнушении что-нибудь может оказаться в таком антагонизме с подсознанием, что временно оно перестает быть послушным. Действенное внушение, подобно современной рекламе, должно быть деликатным и убедительным[34]. Поэтому сильно волнующийся музыкант должен говорить себе: «Со временем я буду наслаждаться выступлением», — так как это ближе к истинному положению дел, чем более смелое: «Я буду наслаждаться выступлением» — внушение, подходящее для волнующихся в меньшей степени. Возможное воспринимается подсознанием с готовностью, невероятное же не имеет к нему никакого отношения.

10. Характер и привычка

Таким образом, мы видим, что, хотя волнение в принципе излечимо, от него нельзя избавиться в один день. Волнение всегда имеет определенное объяснение, и за такой распространенной формой его проявления, как музыкальное «заикание», например, кроются другие вредные привычки — постоянная житейская нерешительность. Вечно откладывая на завтра то, что надо сделать сегодня, пусть даже просто письмо, которое необходимо написать, музыкант может расстроить функции памяти, так как нерешительность ослабляет характер. Кто привык уклоняться от выполнения мелких дел, может в конце концов оказаться не в состоянии выйти на эстраду. Чтобы научиться владеть собой перед публикой, надо начинать с того, чтобы следить за собой дома, где можно упражнять внимание и сосредоточенность ежедневно и ежечасно. Хороший метод, например, которым часто пренебрегают, состоит просто в том, чтобы заставить себя внимательно, спокойно и не прерывая слушать, что говорят другие — очень ценная, кстати, форма дисциплины.

Музыкант-исполнитель не может, подобно поэту, выбирать для работы самые удачные минуты: заключая договор на год вперед, он вынужден играть в заранее назначенный день, независимо от настроения. Это требует гибкости, способности сосредоточивать внимание на том, что важно в данный момент. Качества эти вырабатываются годами ежедневной тренировки.

Великих дирижеров отличает прямой, ищущий взор; они привыкли подчинять своей воле других в течение многих часов, день за днем, год за годом, и эту силу духа не могут не чувствовать те, на которых она обращена. Полной их противоположностью является тип любителя, воображающего, что он может без особых усилий достичь вершин, доступных профессионалам. Но, если бы такого любителя заставили посещать трехчасовые оркестровые репетиции, он бы понял, что артисту необходима не только музыкальная тренировка, но и тренировка внутренней дисциплины.

Есть, однако, любители, которые мечтают о систематическом образовании; среди них много уже немолодых людей, которые по семейным или другим обстоятельствам не имели возможности регулярно заниматься, а когда такая возможность представилась — не знают, с чего начинать. В этом случае требования к самодисциплине не должны быть слишком суровыми: на первых порах достаточно установить определенное время для занятий. Но постепенно дисциплина должна становиться все более и более строгой, чтобы в итоге время было совершенно четко распределено между решением конкретных музыкальных задач и разумным отдыхом. Только бездельник ни на что не находит времени; деловой человек всегда ухитрится выкроить лишние пять минут, цену которым понимают далеко не все.

11. Что такое счастье?

Успех зависит от многих обстоятельств, но связывать удачу только с определенными днями недели — значит ожидать неудачи во все остальные. С другой стороны, если даже и существуют какие-то несчастливые дни или числа, как полагают некоторые, профессионалу редко предоставляется возможность выбирать дату концерта. Хотя память основывается на ассоциациях, не все, однако, ассоциации полезны: певица, усвоившая привычку заниматься, глядя на висящую в классе картину, совершенно растерялась, когда, подняв глаза, увидела пустую стену экзаменационного зала.

Пианистам бывает трудно приспособиться к незнакомому инструменту. Иногда это объясняется разницей в туше, но не всегда: в зале фортепиано звучит по-иному, а ученика, привыкшего к пианино, пугает огромный рояль с поднятой крышкой. Зрительная память (наряду с другими) может быть обескуражена синкопированными движениями демпферов, которые до сих пор были скрыты, и исполнитель должен приучить себя к таким вещам, если он хочет, чтобы концерт прошел успешно. Ничего нельзя оставлять просто на счастье. Неустойчивый табурет может так же неблагоприятно сказаться на функциях памяти, как и фальшивая нота. Весь концерт может быть загублен чрезмерно высоким или слишком низким стулом — обстоятельство, непосредственно связанное с привычками техники. Очень важно также освещение: затемненная клавиатура раздражает не меньше, чем свет, бьющий в глаза. Обо всем нужно заблаговременно позаботиться, включая температуру артистической, так как одной необходимости сидеть в холодной комнате перед выходом на эстраду достаточно, чтобы взволновать каждого. Вовремя подумать о таких вещах важнее, чем перенести концерт с тринадцатого на четырнадцатое.

Окружающие цвета, независимо от воли музыканта, сказываются на его состоянии, поэтому не последнюю роль играет обстановка в комнате для занятий. Коричневый цвет действует угнетающе, темно-красный раздражает, тогда как некоторые цвета, включая голубой, успокаивают.

Замечание для женщин. Высокие каблуки на эстраде противопоказаны: пианистке они мешают пользоваться педалью, а если исполнительница стоит, — нарушают естественное равновесие тела. Очень важным со всех точек зрения обстоятельством является одежда, но выбирать ее следует прежде всего из соображений удобства, причем в идеале костюм должен быть настолько удобным, чтобы не отвлекать внимание исполнительницы.

12. Внешний вид

Выходя на эстраду и уходя с эстрады, никогда не нужно торопиться. Чтобы понять, как не следует при этом держаться, достаточно последить, как держатся другие исполнители. Большинство из них передвигается, вынося центр тяжести тела вперед и соответственно наклоняя корпус. Фигура становится стройной, если ходить на восточный манер — легко, ступая сначала на пятки. (Подбородок не следует при этом пригибать к груди.) Хорошая осанка означает нечто большее, чем достойный вид: это одновременно и более глубокое дыхание и лучшее самочувствие, а следовательно, и уверенность в себе.

13. Радиопередача

Перед радиопередачей необходимо позаботиться о репетиции в студии: если там лежит ковер (как это часто бывает), нужно заранее привыкнуть к звучанию, так как исполнитель, избалованный резонансом зала, может испытать некоторое разочарование. Инструменты бывают разные по высоте, и, если на полу лежит ковер, может оказаться необходимым поднять рояль, иначе высокий пианист не в состоянии будет пользоваться педалью. Когда на радио музыкант играет наизусть, кто-нибудь с открытыми нотами должен находиться рядом; но если он (как это делают многие) предпочитает и перед микрофоном пользоваться нотами, то репетировать нужно также по нотам. Зрительное представление о странице музыкального текста не совпадает во всех подробностях с оригиналом, и, прозанимавшись пьесой какое-то время по памяти, можно оказаться в затруднении, если придется без предварительной подготовки играть глядя в ноты. Надежный человек должен переворачивать страницы, заодно выполняя роль аудитории: неопытный исполнитель будет меньше волноваться, играя одному доброжелательному другу, чем представляя себе миллионную армию радиослушателей.

14. Перед концертом

В предконцертные дни чем меньше музыкант занимается, тем лучше; он должен, не напрягая внимания, просто просматривать пьесы, чтобы убедиться, что знает программу и помнит ранее продуманные заголовки. Накануне концерта (предпочтительно утром) нужно проиграть программу только один раз, не разделяя музыку на куски в соответствии с заголовками и не повторяя их отдельно: на этой стадии не рекомендуется разрывать единство музыкальной ткани. Если музыкант чувствует, что ему нужно позаниматься, он должен ограничить себя упражнениями или другими пьесами, желательно знакомыми.

Чем же заниматься музыканту перед выступлением, если в это время рекомендуется не работать над программой и отдыхать? Считая пару дней перед концертом честно заработанными выходными, музыкант, чтобы отвлечься от привычных забот и волнений, может гулять, ходить в кино, читать увлекательные книги, делать все что угодно, только не заниматься музыкой. Имея за плечами какой-то опыт, он сможет, стряхнув с себя все заботы, отдыхать в постели с книжкой, а при достаточно солидной исполнительской практике он просто заснет, чтобы убить время.

Одеваться следует не торопясь, а на дорогу к месту выступления нужно предусмотреть время с большим запасом. В артистической ничто не должно волновать музыканта; даже лучшим друзьям доступ туда должен быть закрыт, чтобы они не могли принести с собой мыслей о возможных волнениях и опасениях. Исполнителю, который умеет отдыхать, будет спокойнее в обществе хорошей книги.

Если солист чувствует себя увереннее, когда поблизости находятся ноты, их можно принести в артистическую, но не нужно позволять себе заглядывать в них. В конце концов, если программа не готова — учить ее уже слишком поздно; в этом случае лучше пользоваться во время выступления нотами, чем рисковать провалом из-за недостаточной подготовки.

15. Программа

Особенно подверженный волнению исполнитель обязан уделить дополнительное время подготовке начала программы, и в качестве первой пьесы следует выбрать что-нибудь «распевного» характера, что будет способствовать «освобождению» плеч и рук. Есть много редко исполняемой интересной музыки, и молодой музыкант, позволивший себе сойти с проторенного пути, будет вознагражден; критика обычно бывает благодарна за что-нибудь новое, а исполнение произведений, не связанных с традиционной трактовкой, снимает с неопытного концертанта значительную долю тревог по поводу возможной реакции публики.

Если солист чувствует себя в форме, периоды отдыха в течение концерта могут быть короткими: тот, кто хочет использовать благоприятную ситуацию (подобно альпинисту во время восхождения), не должен позволять себе слишком долго отдыхать.

Глубокое дыхание способствует физической выносливости; очень полезно поэтому сделать хороший вдох перед началом трудного места. Многие невольно берут дыхание в соответствии с музыкальной фразировкой, однако слушатели не должны этого замечать, так же как не замечает и сам исполнитель.

В зале лучше играть более ярко, чем в комнате; пианист, привыкший ждать «возвращения» звука, инстинктивно чувствует необходимость изменения темпа или педали, которые, в отличие от аппликатуры, следует приспосабливать к обстановке. Умение слушать себя — во всех отношениях большое преимущество; в частности, оно отвлекает от мыслей о собственной персоне, которые в любой форме так же опасны, как сомнение. (Мысль «как хорошо я играю» почти неизбежно влечет за собой технические ошибки или провалы памяти.)[35] Однако некоторые признаются, что во время исполнения на публике они совершенно не представляют, на какой странице нотного текста находятся, до такой степени мысли их блуждают; этим музыкантам нужно усвоить одно: помнить музыку — значит, как это ни парадоксально, забыть о себе. Зачем страшиться реакции публики? Большинство слушателей пришло, чтобы прежде всего наслаждаться музыкой, и концертант, прошедший через все испытания ученических концертов, может вполне исходить из того, что находится в кругу друзей, желающих ему добра.

16. Творческий подъем

Кто боится своей аудитории, тот редко находит с ней контакт, и тогда при самом хорошем исполнении обычно недостает той взаимной симпатии, которая необходима артисту, чувствующему публику так же, как он чувствует музыку. Каждый исполнитель в такой момент имеет право рассчитывать на дополнительную поддержку. Разве природа не предусмотрела адреналин[36] — стимулирующее средство для случаев, требующих особенной собранности и энергии? Если исполнитель не скован страхом, а находится в состоянии творческого возбуждения, привычки и память отвечают на его замыслы с такой четкостью и быстротой, на которые они были неспособны во время репетиции.

Но так как требовательность артистов к себе увеличивается с творческим ростом, то даже величайшие из них время от времени испытывают разочарования. Неопределенность того, что ждет на эстраде, наполняет душу артиста мрачными предчувствиями. Его страшит не провал как таковой; больше всего он боится оказаться не на высоте своих задач. Он чувствует себя посредственным и серым, исполненным человеческих слабостей и одиноким. Многие тогда благоразумно полагаются на подсознание, как на нечто, находящееся за пределами их «я» и способное выполнить все, что потребуется, когда придет время. «Я чувствовал себя так, как будто мне что-то помогало», — говорит музыкант, не смея себе поверить. «У меня было такое ощущение, точно кто-то двигал моими руками», — признается успешно выступивший дирижер. Другой талантливый артист (певец) утверждает, что поет лучше всего в те моменты, когда едва ли сознает, что делает. И достаточно увидеть глаза музыканта после вдохновенного выступления, чтобы понять, что он испытал сейчас нечто не совсем обычное. В воспоминаниях артиста это ощущение останется, точно приятный сон, но, в отличие от большинства снов, он со временем будет становиться все ярче. Нужно беречь, как драгоценное сокровище, эту картину успеха, укрепляющую чувство уверенности, сквозь призму которого будут отныне рассматриваться картины будущего. А в конце концов, волнение — это как раз недостаточная уверенность в себе и страх перед будущим.

Но те, кто любит музыку недостаточно, чтобы трудиться во славу ее, редко находят в «книге своего опыта» законченную картину артистического успеха. В создании этой картины-мечты, осуществления которой жаждет каждый музыкант, участвуют и голова и сердце; в творчестве они нераздельны: в работе над музыкой требуется голова, в исполнении — сердце.

ПОСЛЕСЛОВИЕ

Если изложить здесь все, что из опыта известно о памяти, книга получилась бы очень толстой и никто не стал бы ее читать.

Память на музыку нельзя уложить точно в какую-то одну ячейку мозга: она связана с общей памятью, так же как эта последняя связана с привычками, привычки с характером, характер с самой жизнью — логическая цепь, не имеющая конца для людей с воображением.

Пользуясь этой книгой только как предисловием к своей собственной «книге опыта», музыкант найдет свои, лучшие способы запоминания, и именно так это и должно быть. Существо дела состоит в том, чтобы рассматривать память не как врага, а как внутреннее волевое устремление. Чего только не добьешься, вызвав его к жизни!

Закрывая глаза, я вижу себя девочкой, сидящей с отцом на вершине холма. Картина особенно жива в моей памяти, так как закреплена чувством. Отец говорил мне тогда, что я могу изменить форму мира, и я бросала через обрыв камешки, один за другим, воодушевленная мыслью, что вот я, такая маленькая, могу изменить равновесие сил в природе.

Методы работы над музыкальным произведением совершенствуются, меняя форму. С пути студента-музыканта убираются постепенно одна трудность за другой. Однако, не умея правильно пользоваться памятью, он может оказаться в тяжелом положении. Если эта скромная книга поможет убрать с его пути еще одно препятствие — боязнь забыть, я не буду сожалеть о годах, проведенных за разработкой проблемы, которой она посвящена.

ПРИМЕЧАНИЯ

[1] *Легхорн* — английское название итальянского города Ливорно.

[2] *Miserere* — церковное песнопение, получившее свое название по первому стиху латинского текста псалма («Miserere mihi Deus» — «Помилуй мя, Боже»). Текст *Miserere* использовался различными композиторами, в том числе Г. Аллегри. Запись *Miserere* Г. Аллегри, исполнявшегося по установленной традиции в Сикстинской капелле каждую Страстную неделю, была запрещена. Этот запрет нарушил 13-летний В. А. Моцарт, записавший произведение (9 голосов в двух хорах) по памяти.

[3] *Гамут* — (от лат. Gamma Ut — гамма До) — старинная система шеститоновых звукорядов.

[4] См. газ. «Times» от 20 мая 1861.

[5] Здесь и далее Ф. Бузони цитируется по его известной статье «Vom Auswendigspielen», впервые опубликованной в журнале «Die Musik» (Maiheft, 1907) в ответ на обращение д-ра Вильгельма Альтмана. Впоследствии, наряду с другими статьями Ф. Бузони, вошла в сборник «Von der Einheit der Musik» (Berlin: Max Hesses Verlag, 1922).

[6] К сожалению, Л. Маккиннон не дает ссылки на источник.

[7] Автор ссылается на книгу известного английского психолога проф. Френсиса Эвелинга (*Aveling Francis.* Directing Mental Energy. University of London Press, Limited, 1927).

[8] Автор имеет в виду клавишные инструменты с заранее заданной высотой звука.

[9] Излишне прямолинейное утверждение автора. Многие педагоги не без основания считают, что зрительное запоминание, являясь на первых порах механическим, постепенно переходит в чисто творческое, в умение «слышать глазами».

[10] В изложении Л. Маккиннон этот тезис выглядит спорным. Думается, что наибольшую пользу все же принесет сочетание личного опыта с глубоким изучением теории.

[11] Несколько упрощенное сопоставление акта речи с музыкальным исполнением. В жизни каждого музыканта довольно часто встречаются обратные случаи,

когда музыкальная фраза воспроизводится с легкостью, а вспомнить какую-нибудь мысль, облеченную в словесную форму, бывает порой довольно трудно.

[12] Автор ссылается на книгу известного английского психолога Чарлза Байдоуина (*Baudouin Charles*. Suggestion and Autosuggestion. London: George Allen and Co., Limited, 1920).

[13] Это излишне декларативное заявление автора существенно расходится с современными научными представлениями.

[14] Автор ссылается на книгу известного английского психолога Уильяма Джемса (*James William*. Talks to Teachers. London: Longmans, Green and Co., Limited, 1920).

[15] Неточность, допущенная автором. Сами по себе шедевры искусства не могут утратить часть своей эстетической ценности. Речь может идти лишь о повторных восприятиях каждого данного субъекта.

[16] Автор ссылается на книгу известного английского пианиста, фортепианного педагога и композитора Товия Маттея (*Matthay Tobias*. Musical Interpretation. London: Joseph Williams, Limited, 1912).

[17] По-видимому, автор имеет в виду какой-то музыкально-дидактический прием, связанный преимущественно с начальным этапом фортепианного обучения. Можно предположить, что этот прием сводится к дроблению счета в соответствии с самой мелкой длительностью фразы.

[18] Здесь и далее приводится цитата из знаменитого монолога Гамлета (Шекспир. Гамлет, акт III, сцена 1. «Быть или не быть — таков вопрос»). Русский перевод с его смещенными акцентами, к сожалению, не может проиллюстрировать мысль Л. Маккиннон.

[19] Автор подразумевает зрительно-механическое запечатление нотного текста.

[20] Одно из положений, получивших впоследствии экспериментальное подтверждение и дальнейшее теоретическое развитие, в частности, в советской психологической науке. См., напр.: *Красильщикова Д. И.* К вопросу об устойчивости первоначальных связей в процессах памяти // Вопросы психологии. 1956. № 6. С. 65.

[21] К сожалению, и в наши дни многие учащиеся продолжают рассматривать запоминание как простую функцию повторений, хотя экспериментально доказано, что повторения сами по себе еще не обеспечивают прочности и устойчивости запечатления любого материала, в том числе и музыкального.

[22] Л. Маккиннон ссылается на следующее издание: *Paderewski J. J.* My story // The Saturday Evening Post. Philadelphia: The Curtis Publishing Co., 1937.

[23] См.: *Mackinnon Lilias*. Musical Secrets. London, 1936. P. 65.

[24] Явления, называемые в наши дни идеомоторными актами или просто идеомоторикой, достаточно хорошо изучены современной наукой.

[25] Доказано, что объяснение этого явления, столь знакомого каждому фортепианному педагогу, надо искать в законах нейродинамики, в частности, в пав-

ловском принципе «наслоения раздражителей». См.: *Красильщикова Д. И.* К вопросу об устойчивости первоначальных связей в процессах памяти // Вопросы психологии. 1956. № 6. С. 65.

[26] Здесь мы не можем полностью согласиться с автором, тем более, что записывание нотного текста по памяти широко и с достаточным успехом практикуется многими выдающимися педагогами. Характерно, что одним из требований к выпускникам Высшей музыкальной школы в Париже является требование записать по памяти отрывок одного из исполненных произведений по указанию жюри. См.: *Корто А.* О фортепианном искусстве. Статьи, материалы, документы. М., 1965. С. 225.

[27] Вряд ли можно полностью согласиться с автором в том, что схожесть, в данном случае чисто внешняя, требует от исполнителя одинаковых выразительных средств. Надо думать все же, что исполнитель найдет для Баха одни краски, а для Дебюсси другие.

[28] Предвидение Л. Маккиннон сбывается. В наши дни проблема оптимализации обучения в любой отрасли знания действительно становится проблемой номер один.

[29] Крайне ценный практический совет для студентов современных музыкальных учебных заведений.

[30] Речь идет об английском национальном гимне, написанном в G-dur.

[31] Имеется в виду так называемый «биологически целесообразный закон забывания». Это свойство памяти нашло свое отражение в известной эпиграмме Македония (VI век н. э.): «Благословенны да будут равно и Забвенье, и Память: счастью Память мила, горю — Забвение друг».

[32] Мария фон Бюлова по этому поводу пишет: «Если память и покидала его (Ганса фон Бюлова. — Ф. С.) несколько раз в последние годы его жизни, то это было следствием сильных головных болей. И то, как он умел взять себя в руки и обуздать свой больной мозг; то, как умел он преодолеть провалы памяти, импровизируя в духе композитора — было доказательством того, насколько он в совершенстве сжился с этим духом...». См.: «Die Musik». Maiheft, 1907. S. 146.

[33] Очень полезный, хотя и не новый, практический совет. Наукой уже давно доказана возможность опосредствованного произвольного воздействия на непроизвольные эмоциональные реакции. На этом основан метод «физических действий» К. С. Станиславского. На этом же базируется и одна из любопытных подробностей американского образа жизни, недавно описанная В. И. Терещенко, — повсеместно развешанные таблички с одним-единственным словом: «Smile!» («Улыбайтесь!»).

[34] Метод, широко применяемый в современной психотерапии. Еще В. М. Бехтерев в своей известной работе «Гипноз, внушение и психотерапия» (СПб., 1911) разработал основные положения этого метода, совпадающие в данном случае с рекомендациями Л. Маккиннон.

[35] История фортепианного исполнительского искусства знает, однако, и другие случаи. Так, пианист Владимир Пахман во время концертного исполнения любил обращаться к публике со словами: «Вы слышали, как это чудно прозвучало у Пахмана?» См.: Савшинский С. И. Леонид Николаев. Л.-М., 1950. С. 103.)

[36] Адреналин — продукт внутренней секреции мозгового вещества надпочечников; повышает обмен веществ в организме.

СОДЕРЖАНИЕ

ISBN 978-5-89817-279-4

9785898172794

Учебно-методическое издание
Серия «Секреты фортепианного мастерства»

Лилиас Маккиннон

ИГРА НАИЗУСТЬ

Выпускающий редактор А. Лосева
Редактор М. Щеславская
Корректор Е. Двоскина
Нотный редактор Т. Струкова
Нотная графика: В. Есаков
Верстка: В. Кудряшова
Дизайн обложки: А. Куцын

Подписано в печать 01.12.08. Формат 60x88 $^{1}/_{16}$
Печать офсетная. Гарнитура NewtonC. Бумага офсетная № 1
Печ. л. 9,5. Тираж 1000 экз. Заказ 7836.

Юридический адрес:
123056, г. Москва, ул. Б. Грузинская, д. 60, стр. 1
Издательский дом «Классика-XXI»

Отпечатано в ФГУП «Производственно-издательский комбинат ВИНИТИ»,
140010, г. Люберцы Московской обл., Октябрьский пр-т, 403.